극지방

지은이 로절린 웨이드 영국 케임브리지대학교에서 자연과학을 전공했습니다.
지금은 같은 대학교에서 동물학을 가르치며, 스콧 선장을 기리기 위하여
케임브리지대학교에 세워진 스콧극지연구소 박물관에서 교육 프로그램을 운영하고 있습니다.

옮긴이 이한음 서울대학교 생물학과를 졸업했고, 지금은 과학 저술가이자 번역가로 일하고 있습니다.
지은 책으로는 《호모 엑스페르투스》, 《생명의 마법사 유전자》, 《다윈의 진화 실험실》 등이 있으며,
옮긴 책으로는 《앗, 상어다!》, 《동물 아빠들》, 《뼈》 등이 있습니다.

감수 장순근 서울대학교 지질학과를 졸업하고, 프랑스 보르도제1대학교에서 미고생물학을 전공했습니다.
남극 연구를 개척한 공로로 국민 훈장 목련장을 받았으며, 여러 차례 남극 세종기지의 월동연구대 대장을 맡았습니다.
지금은 한국해양과학기술원 부설 극지연구소 명예연구위원으로 있습니다. 지은 책으로는 《야! 가자, 남극으로》,
《남극의 영웅들》, 《남극 탐험의 꿈》 등이 있습니다.

극지방
로절린 웨이드 지음 이한음 옮김 장순근 감수

펴낸이 김동휘 **펴낸곳** 여원미디어
출판등록 제 406-2009-000032호
주소 경기도 파주시 회동길 130(문발동) 탄탄스토리하우스
전화번호 080 523 4077 **홈페이지** www.tantani.com
제작책임 강인석 **제작** 유정근 **인쇄** (주)영림인쇄 **제책** (주)영림인쇄
편집책임 이연수 **편집** 조정미 · 김효미 **디자인** 글그림
판매처 한국가드너(주) **마케팅** 문정선 · 김미영 · 조호남 · 이명진

POLAR WORLDS

ISBN 978-89-6110-512-5 ISBN 978-89-6110-506-4(세트)

가까이 더 가까이

극지방

로절린 웨이드 지음 이한음 옮김 장순근 감수

여원미디어

차례

둘러보기

극지방

극지방의 생물

극지방 사람들

집중 탐구

북극 지방의 동물

남극 지방의 동물

둘러보기

북극과 남극

지구의 위아래 양쪽 끝에는 북극과 남극이 있어요. 북극과 남극 주위를 극지방이라고 해요. 얼음으로 뒤덮인 극지방은 지구에서 가장 아름답지만, 아주 위험한 곳이기도 해요. 지구의 맨 위쪽 북극 지방에는 북극곰과 흰올빼미가 살아요. 지구의 맨 아래쪽 남극 지방에는 펭귄이 살아요. 극지방은 지구에서 가장 추워요. 지금까지 지구에서 기록된 가장 낮은 기온은 영하 89도인데, 남극 대륙에서 잰 것이었어요.

남극점 지구의 남쪽 끝, 남극점은 남극 대륙에 있어요. 남극 대륙은 지구에서 다섯 번째로 넓은 땅이며, 대부분 얼음으로 덮여 있어요. 남극 대륙 빙하는 세계에서 가장 큰 빙하로, 최대 깊이가 4.5킬로미터를 넘어요.

정반대인 두 세계

극지방의 겨울은 어두워요. 낮에도 해가 뜨지 않는 날이 많아요. 반대로 여름에는 해가 지지 않는 날이 많지요. 그래서 극지방을 '한밤중에도 해가 떠 있는 땅'이라 부르곤 해요. 이렇게 계절에 따라 큰 차이가 나는 이유는 북극점과 남극점을 잇는 지구의 자전축이 기울었기 때문이에요. 한밤중에도 해가 떠 있는 지역의 가장자리를 빙 둘러 이은 선을 북극권과 남극권이라고 해요. 이것은 극지방의 경계선이 된답니다.

몹시 추운 극지방

극지방에서는 햇빛이 비스듬히 닿기 때문에 지구의 다른 곳보다 햇빛을 받는 양이 적어요. 그래서 몹시 춥답니다.

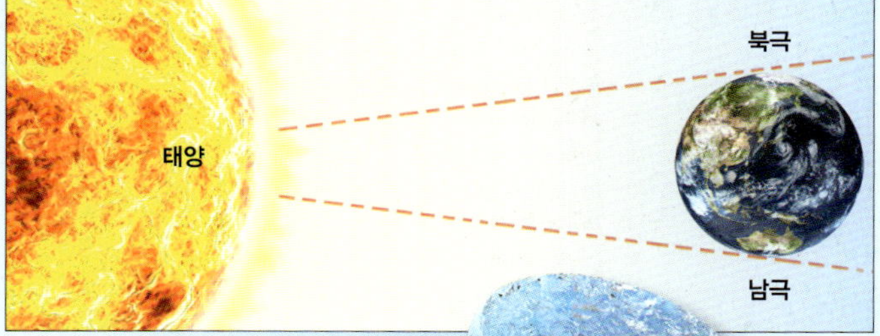

북극점 지구의 북쪽 끝, 북극점은 드넓은 바다 한가운데 있어요. 이 북극해는 지구에서 가장 얕은 바다이며, 그 주변은 육지로 둘러싸여 있어요.

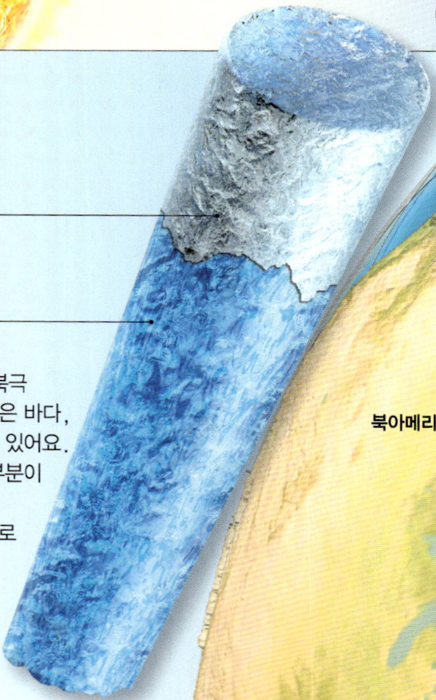

얼어붙은 바다 북극 지방에는 얼어붙은 바다, 북극해가 펼쳐져 있어요. 북극해는 많은 부분이 바닷물이 얼어서 만들어진 해빙으로 덮여 있어요.

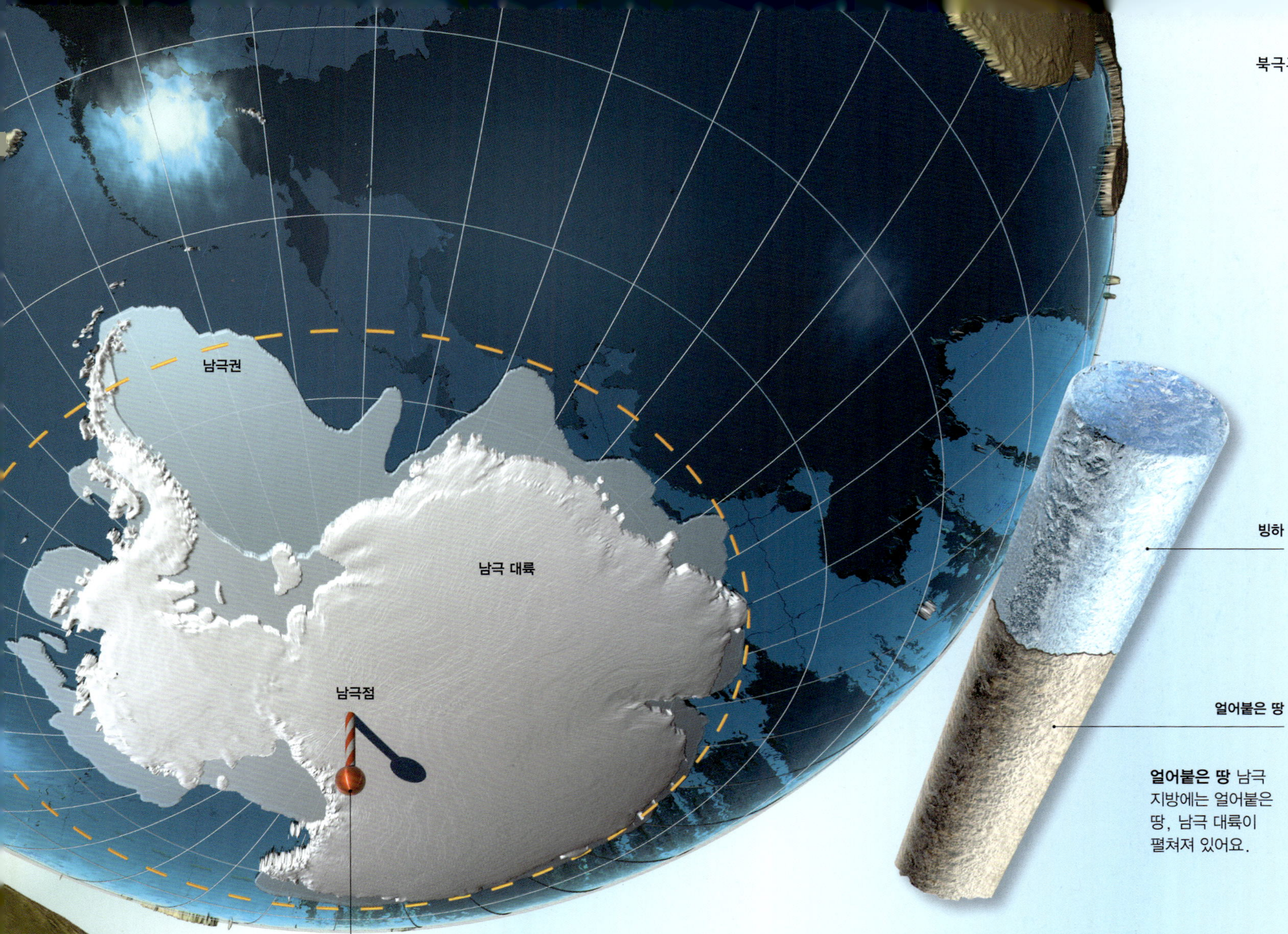

얼어붙은 땅 남극 지방에는 얼어붙은 땅, 남극 대륙이 펼쳐져 있어요.

지리적 북극과 남극 지리적으로 북극점과 남극점은 지구 자전축의 북쪽 끝과 남쪽 끝을 말해요. 지구는 축을 중심으로 빙글빙글 돌아요. 이것을 '자전'이라 하고, 자전할 때 중심이 되는 축을 '자전축'이라고 해요.

여름과 겨울의 얼음

겨울에는 북극해의 대부분이 해빙으로 덮여 있어요. 그러나 여름에는 해빙의 넓이가 절반 이상 줄어들며, 두께도 얇아져요. 남극 대륙 주위의 해빙도 마찬가지예요.

극지방의 환경

남극 대륙과 북극 지방은 기온이 0도 이상으로 올라가는 곳이 거의 없어요. 이 얼어붙은 극지방에는 온갖 종류의 얼음이 있답니다. 육지에서는 내린 눈이 눌리면서 빙하 얼음이 만들어져요. 얼음은 점점 쌓이고 커져서 남극 대륙과 그린란드를 덮고 있는 대륙 빙하가 되지요. 대륙 빙하의 두께는 무려 2.5킬로미터가 넘어요. 한편, 바다에서는 바닷물이 얼어서 해빙이 만들어져요. 북극해 대부분과 남극 대륙의 바닷가 주위는 해빙으로 덮여 있어요. 극지방에는 눈과 얼음으로 덮인 곳만 있는 것은 아니에요. 여름이면, 남극점과 북극점에서 멀리 떨어진 곳에는 언 땅이 녹아요. 그러면 들판에 키 작은 식물들이 자란답니다.

오로라
오로라는 여러 가지 빛의 물결이 밤하늘에서 춤을 추는 것처럼 보이는 현상이에요. 로마 신화에 나오는 새벽의 여신 '아우로라'에서 이름을 따왔답니다. 남극 오로라는 남극 지방에서, 북극 오로라는 북극 지방에서 볼 수 있어요.

남극 대륙의 환경

남극 대륙은 지구에서 가장 춥고, 가장 바람이 많이 부는 대륙이에요. 하지만 눈은 거의 내리지 않아요. 이곳에는 수십만 년에 걸쳐 얼음이 쌓이고 쌓여서 지구에서 가장 큰 대륙 빙하가 만들어졌어요. 대륙 빙하는 남극 대륙의 약 98퍼센트를 덮고 있어요. 남극 대륙에는 생물이 거의 없지만, 많은 동물이 바닷가 근처에 모여 바닷물 속의 크릴을 먹고 살아요.

줄무늬 빙산
빙산은 모양과 크기가 아주 다양해요. 이 빙산은 줄무늬 빙산이에요. 짙은 파란 띠는 얼음이 녹아 공기 방울이 빠져나간 뒤, 다시 얼어붙어 생긴 것이에요.

빙하 얼음 극지방에 내리는 눈은 거의 녹지 않아요. 그래서 시간이 흐르면, 새 눈이 그 위에 쌓이고 먼저 내린 눈은 눌려서 얼음이 되지요.

해빙 바닷물은 짜기 때문에 0도보다 약간 낮은 온도에서 얼어붙어요. 해빙은 여러 단계를 거쳐 만들어져요.

해빙의 종류

1. **잠빙** 바닷물이 어는 온도에 이르렀을 때, 해수면에 생기는 작은 얼음 알갱이예요.
2. **박빙** 바닷물이 잔잔할 때, 얼음 알갱이들이 모여 만들어진 매끄러운 얼음판이에요.
3. **엽빙** 바닷물이 거칠게 출렁일 때, 얼음 알갱이들이 모여 만들어진 울퉁불퉁한 얼음판이에요.
4. **총빙** 작은 얼음 조각들이 바람과 물결에 밀려, 한데 모여서 얼어붙은 것이에요.

빙붕 대륙 빙하의 깊이 묻힌 얼음은 위에서 누르는 얼음의 무게를 견디지 못해 천천히 비탈을 따라 흘러요. 그래서 아직 땅과 이어져 바다에 떠 있는 거대한 얼음판을 '빙붕'이라고 해요.

빙하 오랜 시간 동안 땅 위에 눈이 쌓이며 다져진 얼음덩어리가 바로 빙하예요. 빙하는 지구의 중심이 끌어당기는 중력에 이끌려 바다 쪽으로 점점 미끄러져 내려가요.

빙산 분리 빙하나 빙붕에서 빙산이 떨어져 나오는 것을 '빙산 분리'라고 해요. 남극 대륙의 빙하에서 사라지는 얼음의 약 90퍼센트는 빙산 분리를 통해 떨어져 나간 것이에요.

빙산

빙산은 빙하와 빙붕에서 떨어져 나온 커다란 얼음덩어리예요. 바닷물은 물에 뜬 빙붕을 녹여 약하게 만들어요. 그러면 빙산 분리가 일어나지요. 남극 대륙의 빙붕은 너무 커지는 바람에 스스로 쪼개지기도 해요. 또 바람, 파도, 충돌로 빙산이 만들어지기도 해요. 빙산은 길이가 몇 미터밖에 안 되는 것부터 수백 킬로미터에 달하는 것까지 매우 다양해요. 지금까지 알려진 가장 큰 빙산은 모두 남극 대륙의 빙붕에서 떨어져 나왔어요.

떠다니는 얼음덩어리

바닷물에 둥둥 떠다니는 빙산 주위에는 바닷말, 크릴, 바닷새 등 많은 생물이 모여들어요. 빙산은 저마다 모양이 달라요. 위가 평평한 빙산도 있고, 뾰족한 것도 있고, 벽돌처럼 생긴 것도 있어요. 때로는 드러난 부분의 아래쪽이 파도에 깎여서 뒤집어지는 빙산도 있어요.

눈에 보이는 빙산 얼음은 물보다 밀도가 낮아서 물에 떠요. 물 위로 솟은 빙산의 높이는 약 1미터에서 75미터까지 다양해요.

숨겨진 빙산 빙산의 약 80~90퍼센트는 물속에 잠겨 있어요. 빙산의 밀도가 높을수록, 즉 얼음 속에 공기 방울이 적게 들어 있을수록 더 많은 부분이 물속에 잠겨 있어요.

긴수염고래 이 거대한 바다 동물은 흰긴수염고래 다음으로 가장 큰 고래예요. 물을 걸러서 크릴 같은 작은 동물들을 먹어 치우지요. 주로 북극해와 남극 대륙 주위에 살아요.

부서지는 빙붕

2002년 남극 반도의 라센B 빙붕이 무너졌어요. 넓이 3250제곱킬로미터의 얼음덩어리가 몇 주 사이에 쪼개져 작은 빙산들이 되었지요. 무려 서울의 다섯 배 정도 되는 넓이였어요.

2002년 1월 31일

2002년 3월 5일

타이타닉호의 비극

1912년 4월 14일, 영국이 자랑하던 대형 여객선 타이타닉호가 첫 항해에 나섰다가 거대한 빙산과 부딪혔어요. 타이타닉호는 몇 시간 만에 가라앉았고, 승객과 승무원 1517명이 목숨을 잃었어요.

극지방의 식물

춥고 메마른 극지방에서도 식물이 자란답니다. 남극 대륙에서 얼음에 덮이지 않은 땅은 1퍼센트도 안 되지만, 그곳에서도 식물이 자라고 있어요. 극지방의 식물은 보통 거센 바람을 피해 땅에 납작하게 붙어서 자라요. 또 추위에도 아주 강하답니다. 몇몇 극지방 식물의 수액은 기온이 영하 38도 밑으로 내려갈 때까지 얼지 않아요. 세포 주위의 액체에만 얼음이 생기게 하여, 세포 자체는 얼지 않게 하는 식물도 있어요. 극지방의 식물은 모두 짧은 여름을 틈타 빨리 자라고 씨를 퍼뜨려요. 식물이 자라는 북극 지방의 넓은 들판을 특별히 '툰드라'라고 불러요.

남극의 식물
북극 지방의 툰드라와 마찬가지로, 사우스조지아 섬 같은 남극 대륙 주위에 사는 식물은 땅에 납작하게 붙어서 자라요. 남극 대륙은 대부분 얼음으로 덮여서 많은 식물이 자랄 수 없어요. 하지만 짧은 여름 한철 얼음이 녹는 곳에서는 이끼 같은 식물들이 드문드문 자라기도 해요.

잡힌 파리 곤충이 잎에 달라붙으면, 털끝의 분비샘에서 소화액이 나와 곤충을 녹이기 시작해요.

툰드라

북극 지방의 툰드라에는 나무는 없고 땅에 붙어서 자라는 식물들만 살아요. 이 식물들은 눈과 얼음이 녹는 짧은 여름 한철이지만, 툰드라를 뒤덮어요.

북극버드나무
키가 몇 센티미터밖에 안 자라요.

북극양귀비
여름에 북극양귀비 꽃은 따뜻한 햇빛을 따라 고개를 돌려요.

북극자주범의귀
북극 지방에서 가장 일찍 꽃이 피는 식물 가운데 하나예요. 눈이 녹고 있을 때 피기도 해요.

여름

겨울

찌꺼기 소화액으로 곤충의 부드러운 부분을 녹여 빨아들이는 데에는 며칠밖에 걸리지 않아요. 남은 단단한 겉뼈대는 바닥으로 떨어뜨려요.

벌레잡이 식물, 끈끈이주걱

식물은 흙에서 질소를 얻어 꼭 필요한 단백질을 만들어요. 그런데 곤충의 몸에서 질소를 얻는 육식성 식물도 있어요. 끈끈이주걱은 땅이 기름지지 못한 곳에서 자라는데, 필요한 질소의 절반쯤을 곤충의 몸에서 얻어요. 독특한 잎으로 곤충을 꾀어 잡은 뒤, 천천히 소화시키지요.

극지방의 동물

북극 지방은 북극곰, 늑대 무리, 흰갈매기, 흰올빼미 등이 사냥하는 위험한 곳이에요. 바다코끼리 같은 동물들은 큰 몸집으로 포식자의 공격을 막아요. 안전을 위해 무리를 지어 사는 동물들도 있어요. 또 빨리 달아나거나, 뿔 또는 엄니로 포식자의 공격을 막는 동물들도 있어요. 작은 동물들은 계절에 따라 털 색깔이 바뀌기도 해요. 이런 위장 덕분에 포식자에게 들키지 않고 살아갈 수 있어요.

높이뛰기 선수 북극여우는 높이 뛰어올랐다가 쿵 내디디면서 쌓인 눈을 무너뜨려요. 그런 다음, 눈굴 속에 숨어 있는 먹잇감을 잡아먹지요. 공중으로 뛰어올랐다가 쿵 떨어지면서 먹잇감을 땅에 짓누르기도 해요.

가장 따뜻한 털 북극여우의 겨울털은 여름털보다 두 배나 길어요. 특히 털가죽은 동물의 털 가운데 가장 따뜻하여, 영하 70도 정도의 무서운 추위에도 버틸 수 있어요.

하얀 겨울털

10월이 되면, 북극여우는 하얀 색깔의 더 따뜻한 겨울털로 바뀌어요. 눈 색깔과 비슷한 하얀 겨울털 덕분에 북극곰에게도 잘 잡히지 않아요. 나그네쥐 같은 먹잇감에게 몰래 다가갈 수도 있어요. 북극여우는 바닷새 알은 물론 식물 열매도 먹고, 북극곰이 먹다 남긴 동물 시체도 먹어요. 먹이가 많으면, 남은 것을 가져다가 영구 동토층에 파묻어요. 영구 동토층은 일 년 내내 얼어붙어 있어서, 냉장고처럼 먹이를 신선하게 보관할 수 있거든요. 먹이가 부족해지면, 이곳에 와서 숨겨 둔 먹이를 꺼내 먹어요.

여름털

4월이 되면, 북극여우는 겨울털이 빠지고 갈색의 가느다란 여름털이 나요. 이 털은 눈이 녹은 주변 땅과 비슷한 색깔이에요. 털 색깔이 여름에는 짙은 청회색이었다가, 겨울에는 연한 청회색을 띠는 여우도 있어요. 4월에서 7월 사이에 암컷은 새끼를 6~12마리 정도 낳아요. 새끼는 2~4주가 되면 굴 밖으로 나와 돌아다니고, 주위를 살피며 형제들과 놀이를 해요. 가을이 되면, 어린 북극여우는 가족 곁을 떠나 홀로서기를 한답니다.

배우는 시간 새끼는 부모 곁에서 지내는 동안 사냥하고 방어하는 법을 배워요. 형제들과 싸우고 노는 것도 자라는 데 중요한 일이에요. 하지만 먹잇감이 부족할 때에는 놀이를 하지 않고 가만히 쉬면서 힘을 아껴요.

색깔 변화

동물들의 털과 깃털은 북극 툰드라의 계절 변화에 맞추어 색깔이 바뀌어요.

북극토끼
북쪽 끝에 사는 북극토끼는 털 색깔이 일 년 내내 하얗고, 북극 지방의 덜 추운 곳에 사는 북극토끼는 여름에 갈색으로 바뀌어요.

늪뇌조
갈색 깃털은 겨울에 흰색 깃털로 바뀌어요.

북극담비
여름에는 몸 아래쪽만 흰색이다가, 겨울에는 온통 하얀 털로 바뀌어요.

이동과 생활

극지방은 여름에는 낮이 아주 길어요. 겨울에는 몹시 춥고, 몇 주 또는 몇 개월 동안 해가 뜨지 않기도 해요. 계절에 따라 찾을 수 있는 먹이의 양도 달라져요. 여름에는 바닷물에 먹이가 풍부하고, 땅 위에도 식물이 자랄 수 있어요. 극지방의 많은 동물은 먹잇감이 풍부한 이 시기에 새끼를 낳아요. 짧은 여름이 끝나기 전에 어린 동물들은 추운 겨울을 견딜 수 있을 만큼 튼튼해져야 해요. 그렇지 않으면 극지방을 떠나야 하니까요. 그래서 많은 동물이 겨울이 시작되기 전에 다른 곳으로 이동한답니다.

펭귄의 춤

마카로니펭귄은 한 수컷이 한 암컷하고만 짝을 지어요. 독특한 울음소리로 자신의 짝을 알아보고, 해마다 같은 장소에서 다시 만나요. 짝짓기를 할 때면, 머리를 오른쪽 왼쪽으로 돌리면서 열심히 짝짓기 춤을 춘답니다.

장거리 여행

극지방의 혹독한 겨울을 피해 이동하는 동물들이 있어요. 가장 멀리 이동하는 동물은 북극제비갈매기예요. 북극 지방에서 남극 대륙까지 갔다가 다시 돌아오거든요.

혹등고래

몇몇 혹등고래는 남극 대륙 주위에서 먹이를 찾아다니다가, 짝짓기할 때가 되면 중앙아메리카의 코스타리카 해안까지 약 8475킬로미터를 이동해요.

아델리펭귄

아델리펭귄은 남극 대륙에서 새끼를 낳는데, 겨울에는 먹이가 더 풍부한 북쪽으로 이동해요.

순록

캐나다의 한 순록 무리는 북쪽 바닷가까지 약 1290 킬로미터를 이동했다가 되돌아와요.

먹이 구하러 가기

암컷 마카로니펭귄은 11월 초에 알을 두 개 낳아요. 보통 두 번째 알만 살아남아서 약 35일 뒤에 알을 깨고 나온답니다. 처음 3주 동안은 수컷이 새끼를 지키고, 암컷은 먹이를 찾아 바다로 나가요. 그런 다음, 부모들은 새끼들을 마치 어린이집 같은 장소에 모아 놓고 함께 보살펴요. 새끼들은 약 60~70일이 지나면, 물이 스며들지 않는 깃털이 자라 스스로 바다에 나가 먹이를 구할 수 있답니다.

모이주머니 펭귄은 때때로 부리에 담을 수 있는 것보다 더 많은 먹이를 모아요. 그 먹이는 모이주머니에 저장했다가 나중에 도로 게워 내요.

주황색 깃털 마카로니펭귄의 머리에는 주황색 깃털이 멋지게 달려 있어요.

맛있는 죽
마카로니펭귄은 주로 크릴을 먹지만, 물고기와 오징어도 먹어요. 부모 펭귄은 먹이를 먹었다가 나중에 조금씩 게워 내 새끼에게 먹여요.

배고픈 새끼 태어난 지 3주가 채 안 된 이 새끼 펭귄은 매일 보금자리에서 먹이를 받아먹어요. 부모의 목 안으로 부리를 넣어 부모가 게워 내는 먹이를 먹지요.

보금자리
마카로니펭귄은 남극 대륙의 북쪽 섬에서 바위 비탈이나 바닷가에 보금자리를 틀어요.

북극의 탐험가들

오래전부터 사람들은 북극 탐험에 대한 꿈을 꾸었어요. 1827년 영국의 윌리엄 에드워드 패리가 북극 탐험에 나섰어요. 이 탐험대는 누구보다 더 멀리 북쪽으로 나아갔지만, 북극점에는 가지 못했어요. 1908년 미국의 프레더릭 쿡은 북극점에 도착했다고 주장했어요. 하지만 많은 사람은 1909년 미국의 로버트 피어리가 이끈 탐험대가 최초로 북극점에 이르렀다고 생각해요. 1926년 노르웨이의 로알 아문센은 비행선 노르게호를 타고 북극점 위를 날았어요. 1958년 미국의 노틸러스호는 북극점 밑을 지난 최초의 잠수함이 되었어요.

북극 탐험

피어리 이전에 북극해로 떠난 다른 탐험대들도 있었어요. 그중에는 1845년 영국의 존 프랭클린 탐험대처럼 비극으로 끝나기도 했어요.

피어리, 1909년
피어리는 캐나다 북부의 엘즈미어 섬에서 출발하여 37일 만에 북극점에 도착했어요. 네 번째 시도 끝에 이룬 성공이었지요.

프랭클린, 1845년
프랭클린은 대서양과 태평양 사이의 북서 항로를 지도에 담으려고 했어요. 그의 탐험대는 랭커스터 해협에서 마지막으로 목격된 뒤 사라졌어요. 그로부터 5년 뒤, 비치 섬에서 탐험대의 흔적이 발견되었어요.

마지막 대원들
로버트 피어리가 찍은 이 사진은 북극점에 도착한 탐험대원 5명의 모습이에요. 미국인 매슈 헨슨과 썰매를 끄는 이누이트 오케아, 오타, 에깅와, 시글로예요.

그린란드허스키 그린란드의 스미스 해협에서 탐험대의 썰매를 끌 약 200마리의 허스키를 구해 왔어요. 힘이 아주 센 개 5~7마리가 썰매를 하나씩 끌었어요.

물범 가죽옷 피어리 탐험대의 이누이트들은 추운 환경에서 살아남는 재주가 있었어요. 그들은 가볍고 따뜻한 동물의 털가죽으로 옷을 해 입었어요. 피어리 탐험대원들도 그 옷을 입었어요.

낮은 썰매 피어리가 생각하고 헨슨이 만든 썰매로 식량, 연료 같은 필요한 물건을 날랐어요. 나무로 만들었으며, 썰매 날 부분에 강철을 덧대었어요.

나무 스키 초기의 극지방 탐험대는 나무로 만든 스키를 썼어요. 피어리 탐험대는 스키를 탈 만한 곳이 나오면, 걷지 않고 스키를 꺼내 탔어요.

앞으로 앞으로

1909년 3월 1일, 그린란드허스키 130마리가 끄는 썰매 19대와 함께 탐험대 24명이 북극해의 얼음 위를 출발했어요. 로버트 피어리는 북극점까지 가는 길을 따라 곳곳에 필요한 물건을 두는 창고와 이글루를 만들었어요. 북극점에서 약 246킬로미터 떨어진 곳에 도착하자 피어리, 매슈 헨슨, 이누이트 4명은 나머지 대원들을 뒤로하고 북극점을 향해 쉼 없이 나아갔지요. 그리고 1909년 4월 6일, 마침내 인류 최초로 북극점에 도착했답니다.

남극의 탐험가들

1819년 남극 대륙이 처음 발견된 뒤, 많은 사람이 남극 탐험을 떠났어요. 그중 가장 유명한 사람들은 이른바 '영웅 시대'라고 불리는 1900~1916년에 활동한 탐험가들이었어요. 1902년 영국의 로버트 팰컨 스콧은 첫 남극 탐험에 나섰다가 동상과 괴혈병으로 포기했어요. 1908년 영국의 어니스트 섀클턴은 남극점 가까이에서 식량이 모자라 돌아와야 했어요. 1911년 12월, 로알 아문센이 이끄는 노르웨이 탐험대는 인류 최초로 남극점에 이르렀어요. 얼마 뒤에는 스콧의 영국 탐험대도 도착했어요. 1914년 섀클턴은 남극 대륙을 가로지르는 탐험에 나섰지만, 배가 그만 총빙에 갇히고 말았지요.

스콧의 마지막 탐험

1912년 1월, 스콧은 대원 4명과 함께 남극점에 도착했어요. 하지만 아문센 일행이 먼저 남극점을 정복한 것을 알고는 좌절했어요. 돌아오는 길에 에번스 대원이 목숨을 잃었어요. 이어서 심한 동상에 걸린 오츠가 다른 대원들에게 피해를 주지 않기 위해 폭풍이 부는 날 모습을 감추었어요. 스콧, 윌슨, 바워스는 계속 나아갔지만, 결국에는 심한 눈보라를 만나 모두 목숨을 잃었답니다.

무거운 썰매
아문센은 개로 썰매를 끌게 했지만, 스콧 탐험대는 모든 짐이 실린 썰매를 직접 끌었어요. 썰매 끌기는 엄청나게 힘든 일이었어요.

남극점을 향한 경쟁
스콧 탐험대는 에번스 곶에서 출발하여, 로스 빙붕과 비어드모어 빙하를 지나 남극점으로 향했어요. 아문센은 남극점에서 96킬로미터 더 가까운 곳에 베이스캠프를 차리고 새로운 길로 나아갔어요.

얼음에 갇히다

1914년 섀클턴과 27명의 대원들은 인듀런스호를 타고 남극 대륙으로 향했어요. 대륙이 보이는 곳까지 왔을 때쯤, 배가 총빙에 갇혔어요. 배는 얼음덩어리들 틈에 갇힌 채 몇 달 동안 북쪽으로 흘러갔어요. 그러다 1915년 10월에야 마침내 얼음덩어리들이 깨졌지요. 대원들은 배에 실린 물건과 장비로 그럭저럭 버틸 수 있었어요. 다행히도 모두 살아남았답니다.

야영지 인듀런스호에서 겨울을 보낸 대원들은 총빙에 야영지를 만들고 6개월을 지냈어요. 그러고는 엘리펀트 섬으로 탈출을 시도했어요.

얼음의 압력 첫 겨울이 지나고 봄이 되자, 얼음덩어리들이 배를 더욱 죄어 왔어요. 배는 비틀리다가 결국 부서졌고, 대원들은 배를 버려야 했어요.

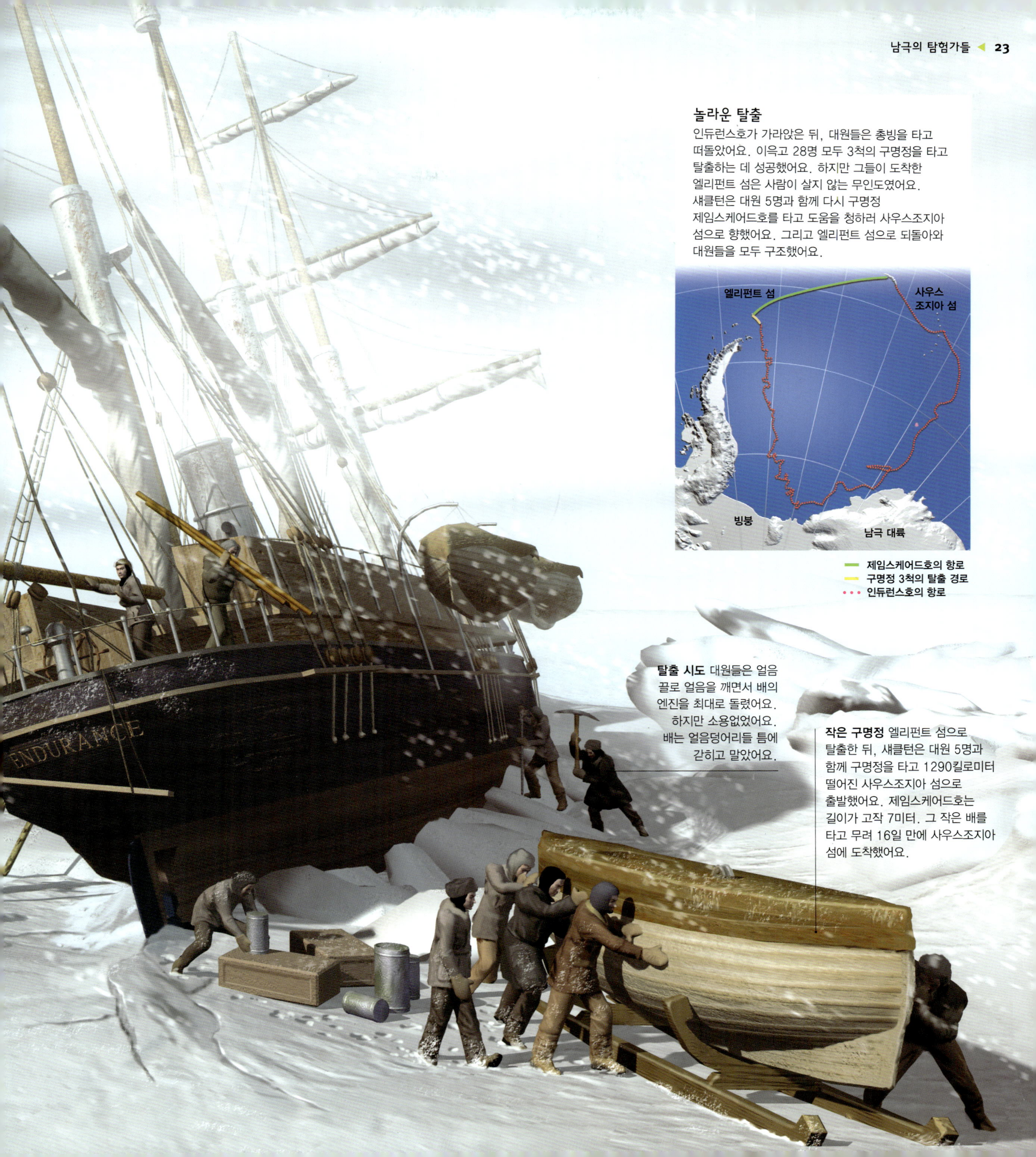

놀라운 탈출

인듀런스호가 가라앉은 뒤, 대원들은 총빙을 타고 떠돌았어요. 이윽고 28명 모두 3척의 구명정을 타고 탈출하는 데 성공했어요. 하지만 그들이 도착한 엘리펀트 섬은 사람이 살지 않는 무인도였어요. 섀클턴은 대원 5명과 함께 다시 구명정 제임스케어드호를 타고 도움을 청하러 사우스조지아 섬으로 향했어요. 그리고 엘리펀트 섬으로 되돌아와 대원들을 모두 구조했어요.

탈출 시도 대원들은 얼음끌로 얼음을 깨면서 배의 엔진을 최대로 돌렸어요. 하지만 소용없었어요. 배는 얼음덩어리들 틈에 갇히고 말았어요.

작은 구명정 엘리펀트 섬으로 탈출한 뒤, 섀클턴은 대원 5명과 함께 구명정을 타고 1290킬로미터 떨어진 사우스조지아 섬으로 출발했어요. 제임스케어드호는 길이가 고작 7미터. 그 작은 배를 타고 무려 16일 만에 사우스조지아 섬에 도착했어요.

옷차림

사람의 체온은 약 37도를 유지해야 해요. 추운 곳에 있으면, 사람의 몸은 만들어 내는 것보다도 더 많은 열을 잃어요. 그러다 체온이 떨어지고, 심하면 목숨을 잃을 수도 있어요. 다른 동물들은 털가죽, 지방, 깃털로 열이 빠져나가지 못하게 가두지만 사람은 옷으로 몸의 열을 지켜요. 축축하게 젖은 옷은 좋지 않아요. 몸에서 열을 빼앗거든요. 오래전부터 북극 지방 사람들은 순록, 북극곰 같은 동물의 털가죽으로 옷을 만들었어요. 오늘날에는 합성 섬유와 천연 섬유로 극지방에 알맞은 옷을 만들어 입는답니다.

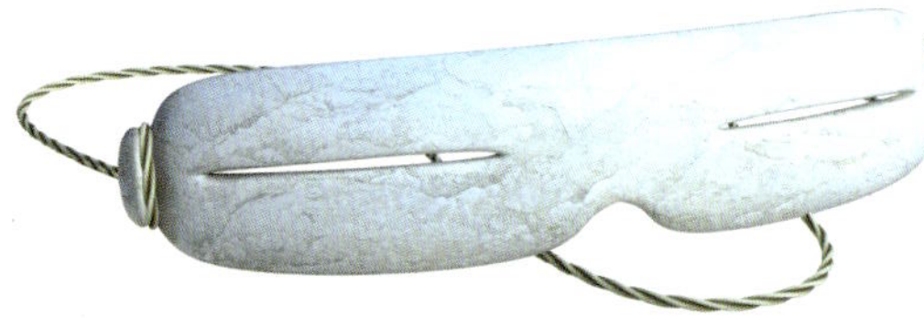

눈 보호 밝은 햇빛이 눈과 얼음에 반사되면, 시력을 잃을 수 있어요. 이것을 '설맹'이라고 해요. 작은 틈새가 나 있는 이누이트의 고글(위)과 색깔이 들어간 오늘날의 고글(아래)은 눈에 닿는 빛의 양을 줄여 주어요.

털모자 이누이트의 파카처럼, 모자 테두리에 털이 달려 있어요. 추운 공기에서는 숨을 내쉬면 수증기가 얼어붙어요. 모자의 털은 숨을 내쉴 때 생기는 얼음 알갱이를 떨어뜨리고, 얼굴에 눈이 들이치지 않도록 도와요.

모자 달린 웃옷 이누이트의 전통 웃옷인 이 파카는 순록 털가죽으로 만들었어요. 사람 체온의 20~40 퍼센트는 머리로 빠져나가기 때문에 극지방에서는 모자를 쓰는 것이 중요해요. 두꺼운 털가죽 안쪽에는 부드러운 안감을 덧댔어요.

여러 겹으로 피부에 닿는 안쪽에는 땀을 빨아들이는 부드러운 섬유의 긴 팔 윗옷을 입어요. 그 위에 열이 빠져나가지 않도록 겹겹이 옷을 입고, 맨 바깥에는 파카를 입어요. 파카는 물과 바람을 막아 주지요.

털가죽 장갑 물범 등의 털가죽으로 만든 장갑은 손을 따뜻하게 보호하는 데 반드시 필요해요. 북극 지방의 매서운 추위에서는 몇 분 만에 동상에 걸릴 수 있거든요.

겉 장갑과 속 장갑 보통 두꺼운 장갑 안에 얇은 속 장갑을 끼어요. 그러면 털장갑을 벗어도 손이 차가운 공기에 바로 닿지 않아요.

털가죽 바지 바지도 털가죽으로 만들어요. 흔히 순록이나 북극곰의 털가죽이 쓰이지요.

합성 섬유 바지 보온 내복 위에 두껍고 따뜻한 바지를 입어요. 그 위에 물과 바람을 막아 주는 옷을 겹쳐 입어요.

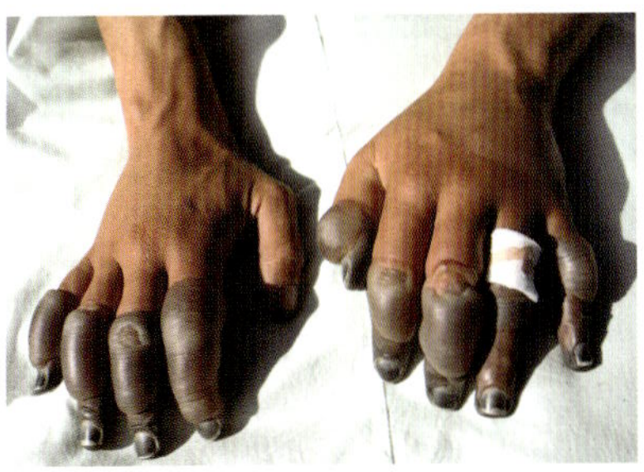

동상

추위에 피부가 얼어서 상하는 것을 '동상'이라고 해요. 보통 따뜻한 몸의 중심에서 가장 멀리 떨어진 손발이 걸리기 쉬워요. 동상에 걸리면, 피부가 검게 변하고 신경과 핏줄이 망가질 수 있어요.

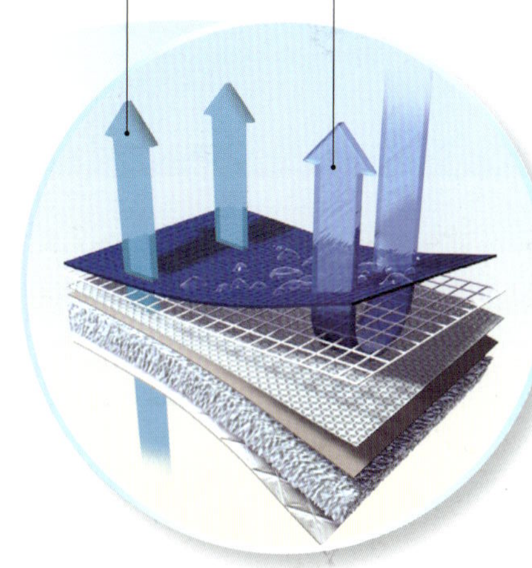

오늘날의 섬유

요즘에는 여러 기능을 가진 합성 섬유로 옷을 만들어요. 합성 섬유인 고어텍스는 옷 안쪽에서 흐르는 땀은 밖으로 빠져나가게 하고, 물은 밖에서 들어오지 못하게 한답니다. 그래서 언제나 보송보송한 상태를 유지해요.

과거와 현재

이 그림은 북극 지방의 원주민 이누이트의 전통 옷차림(왼쪽)과 오늘날 극지방 탐험가들의 옷차림(오른쪽)을 비교하고 있어요. 이누이트의 옷은 동물의 털가죽을 손으로 꼼꼼히 꿰매어 지었어요. 가볍고, 공기를 가두어서 열이 빠져나가지 못해 아주 따뜻해요. 오늘날의 옷은 여러 겹으로 공기를 가두고, 물기는 빠져나가게 만들었어요. 그래서 따뜻하고 보송하지요.

털가죽 장화 발은 늘 차디찬 바닥에 닿아 있기 때문에 신발은 몇 겹으로 신어요. 맨 바깥에 신는 장화는 보통 순록이나 물범 털가죽으로 만들어요.

방한화 발을 따뜻하게 보호하는 방한화는 몇 겹의 층과 두꺼운 고무바닥으로 되어 있어요. 단단하고 건조한 눈을 밟을 때 좋아요. 하지만 스키를 탈 때나 등산할 때, 또는 젖은 눈을 걸을 때에는 다른 신발이 필요해요.

극지방의 집

북극 지방의 이누이트는 지금은 대부분 마을의 통나무집에서 살아요. 하지만 이누이트의 집으로 유명한 이글루도 여전히 지어요. 오늘날 이글루는 겨울 사냥을 할 때 잠시 머무는 곳으로 쓰이지요. 남극 대륙의 초기 탐험가들은 가지고 간 나무로 오두막을 지었어요. 그중에는 100년이 지난 지금까지 남아 있는 것도 있어요. 오늘날 남극 대륙에서 일하는 과학자들은 최신 재료와 공학 기술로 만든 연구 기지에서 지내요. 야외 조사를 나갈 때면, 강한 바람에 견딜 수 있는 피라미드 모양의 텐트를 친답니다.

사미 족의 천막집
사미 족은 스칸디나비아 북쪽에 사는 원주민이에요. 주로 순록을 기르는데, 풀을 찾아 여기저기 옮겨 다니며 살아요. 사미 족의 전통 천막집 '라부'는 나무 장대에 순록 가죽을 덮은 것이에요. 오늘날에는 알루미늄 장대와 가벼운 천으로 천막집을 세워요.

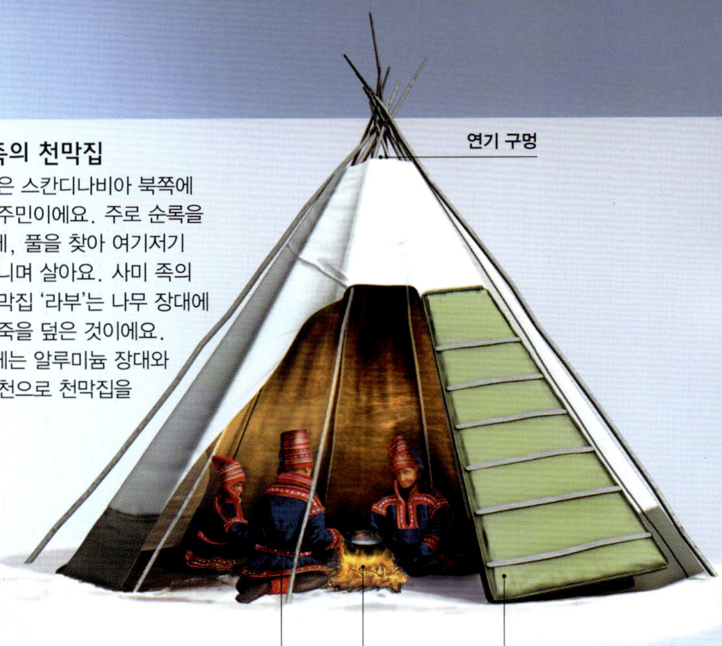

이글루 안

이글루 생활
이글루 안은 아주 아늑해요. 요리하는 데 쓰는 화덕이 있는 곳도 있어요. 불을 피우면 눈으로 만든 벽돌이 약간 녹지만, 그 물기가 다시 얼어붙어서 이글루가 더욱 단단해져요.

나선형 지붕
둥근 돔 지붕은 기둥으로 떠받칠 필요가 없어요. 나선형으로 쌓은 눈 벽돌들이 서로 버텨 주기 때문에 아주 튼튼하거든요.

이글루 짓기

이글루는 바람에 눌린 단단한 눈 벽돌로 쌓은 둥근 돔 모양의 집이에요. 돔 지붕은 약간 안쪽으로 기울어지게 나선형으로 쌓아 나가요. 그러면 무너질 걱정이 없답니다. 돔 지붕과 입구 터널이 완성되면, 눈으로 벽돌 사이의 틈새를 막아요. 눈이 열을 밖으로 빠져나가지 않게 막아 주기 때문에 이글루 안은 따뜻해요.

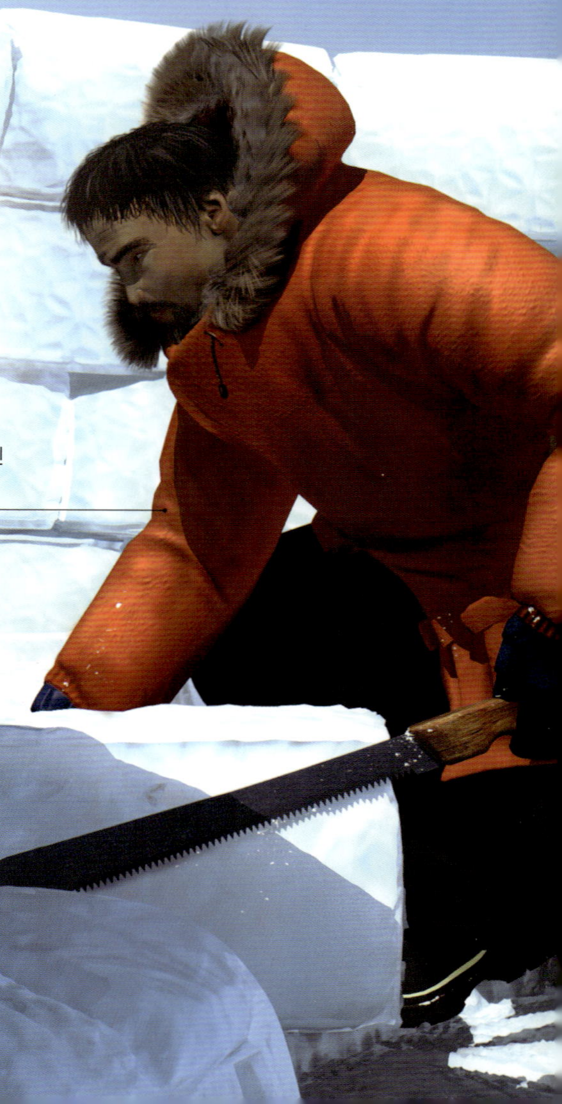

이누이트 옷차림 이누이트의 전통 옷은 동물 가죽으로 만들어요. 오늘날에는 현대적인 옷을 더 많이 입어요.

눈 벽돌 만들기 얼음 톱으로 단단한 눈을 잘라 벽돌을 만들어요. 그리고 벽돌끼리 아귀가 잘 맞게 다듬어요.

돔 연구소

둥근 돔 모양을 한 미국의 아문센-스콧 남극 기지는 1970년대 초에 세워졌어요. 하지만 쌓인 눈의 무게로 지붕이 약해지는 바람에 문을 닫아야 했어요.

유압 부상 기지

아문센-스콧 기지의 새 건물은 거대한 유압 장치 위에 있어요. 이 장치는 건물이 눈에 묻히지 않도록 2층 높이까지 들어 올릴 수 있어요. 그러면 바람이 건물 밑에 쌓인 눈을 불어 없애 주어요.

눈 벽돌 쌓기 눈 벽돌을 제자리에 놓기 전에 가장자리를 얼음 톱으로 문질러 눈이 살짝 녹게 해요. 그 상태로 벽돌을 놓으면, 눈이 다시 얼면서 벽돌끼리 더욱 단단히 붙어요.

입구 터널 바닥을 파내 드나드는 구멍을 만들어요. 그러면 바깥에서 차가운 공기가 덜 들어와요.

극지방에서의 사냥

북극 지방은 일 년 중 많은 날이 눈으로 덮여 있어요. 이 얼어붙은 북극 지방에서도 수천 년 동안 사람들이 살아왔어요. 이들은 여름에는 월귤 등 몇몇 열매에서 중요한 비타민을 얻고, 바닷새의 보금자리에서 알을 얻었어요. 겨울에는 주로 물범과 순록의 고기를 먹지만, 북극곰이나 북극고래 같은 더 큰 동물도 사냥하곤 했어요. 남극 대륙에는 본디부터 살아온 원주민이 없어요. 남극 대륙을 연구하기 위해 세운 여러 나라의 기지에서 사는 사람들뿐이에요. 이들은 세심하게 짜여 있는 균형 잡힌 식사를 해요. 몇몇 기지에서는 온실에서 신선한 과일과 채소를 직접 기르기도 해요.

얼음 구멍 낚시
이누이트는 얼음 구멍에 낚싯줄을 드리워요. 낚싯줄 끝에 달린 추는 고래 뼈나 바다코끼리 엄니를 깎아서 만들기도 해요.

탐험가의 식사
탐험가들은 대부분의 식량을 가지고 다녀요. 사진은 1910~1912년 스콧 남극 탐험대의 한 사람이 하루 동안 먹는 페미컨이에요. 페미컨이란 탐험가들이 주로 먹는 열량이 높은 음식을 말해요. 고기, 동물의 지방, 말린 과일을 섞은 페미컨은 예전 탐험가들의 주된 먹을거리였어요.

해산물 쥐노래미, 북극곤들매기, 넙치는 이누이트의 중요한 먹을거리예요. 단백질이 많고 비타민과 미네랄 같은 영양소도 들어 있거든요. 이누이트는 새우, 크릴 등도 먹어요.

쥐노래미

새우

고리무늬물범

전통적인 사냥법

해빙 밑에 사는 생물들은 그 위에 사는 많은 생물을 먹여 살려요. 이누이트는 예전부터 얼음 구멍에서 낚시를 하거나, 얼음 구멍으로 숨을 쉬기 위해 고개를 내민 물범을 작살로 잡았어요. 탁 트인 바다에서는 북극고래와 일각돌고래 같은 더 큰 동물들을 사냥했지요. 땅 위에서는 사향소와 북극곰을 창이나 활로 사냥했어요. 북극 지방 사람들은 여전히 사냥을 하지만, 동물에게도 영혼이 있다고 믿고 존중한답니다.

물범 물범은 이누이트가 많이 먹는 동물이에요. 물범 고기에는 단백질뿐만 아니라 비타민 A와 철분이 풍부해요. 물범의 지방은 연료로 쓰이며, 따뜻한 털가죽으로는 옷을 해 입어요.

고래 고래를 잡으려면, 배를 모는 사람들과 고래를 창으로 잡는 사람들이 힘을 모아야 해요. 고래가 가라앉지 못하게 작살에는 커다란 부표를 매달아요. 고래 가죽에는 비타민 C가 풍부하기 때문에 고기와 함께 먹어요.

손으로 만든 도구들

이누이트의 사냥 도구는 동물의 뼈, 가죽, 바다코끼리 엄니로 만들어요. 창으로는 물고기를 잡고, 작살로는 물범과 고래를 잡아요. 작살 촉은 동물의 살에 박히면 떨어져 나가게 되어 있어요.

극지방의 위기

석탄과 석유 같은 화석 연료를 태우면, 많은 양의 이산화탄소가 나와요. 이산화탄소를 비롯한 몇몇 가스는 태양에서 오는 빛은 받아들이고, 열은 빠져나가지 못하도록 지구 안에 가두어요. 따라서 지구의 기온이 온실처럼 점점 높아지는데, 이런 현상을 '지구 온난화'라고 해요. 지구가 더워지면 지구 곳곳이 위험에 빠진답니다. 극지방도 마찬가지예요. 많은 양의 얼음이 녹아, 환경에 큰 변화가 일어나기 때문이에요. 지구의 기온이 약 1.5도만 올라도 그린란드 빙하가 줄어들 수 있어요.

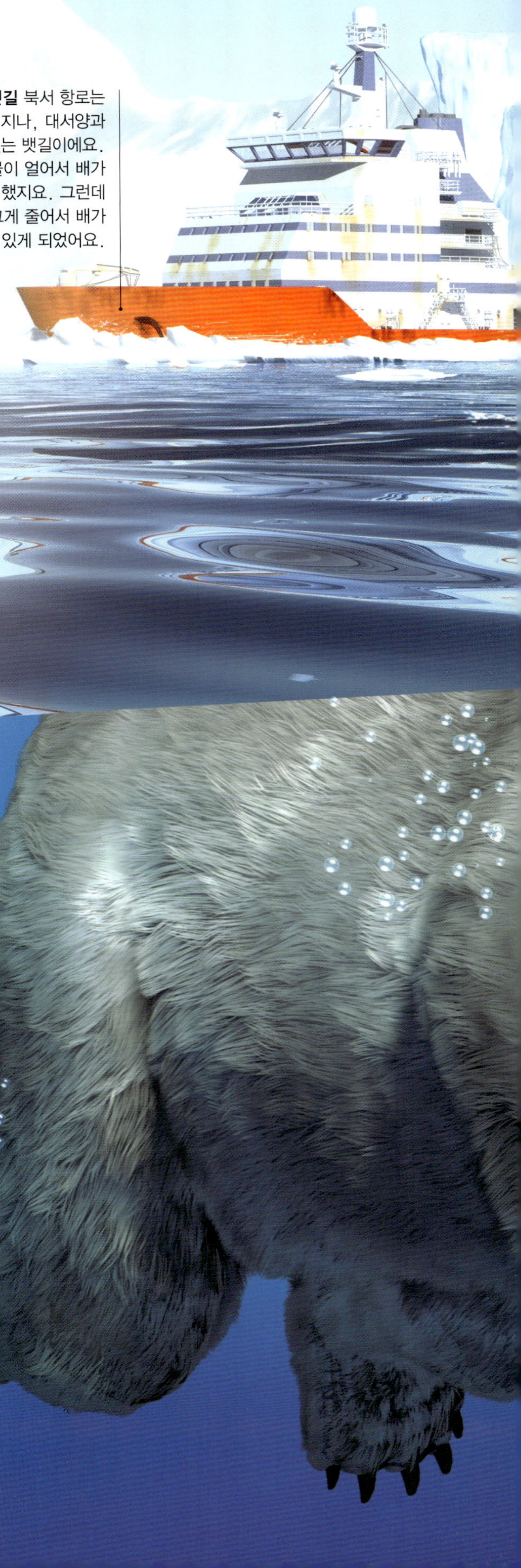

얼음이 녹아 뚫린 뱃길 북서 항로는 캐나다 북쪽의 북극해를 지나, 대서양과 태평양을 오갈 수 있는 뱃길이에요. 그전에는 바닷물이 얼어서 배가 지나갈 생각조차 못 했지요. 그런데 2007년 얼음이 크게 줄어서 배가 지나갈 수 있게 되었어요.

오존 구멍

오존층은 태양에서 오는 해로운 자외선을 빨아들여요. 그런데 대기 중의 다른 오염 물질들이 오존의 양을 줄어들게 해요. 그 결과, 남극 대륙의 오존층에 구멍이 뚫리기도 했어요.

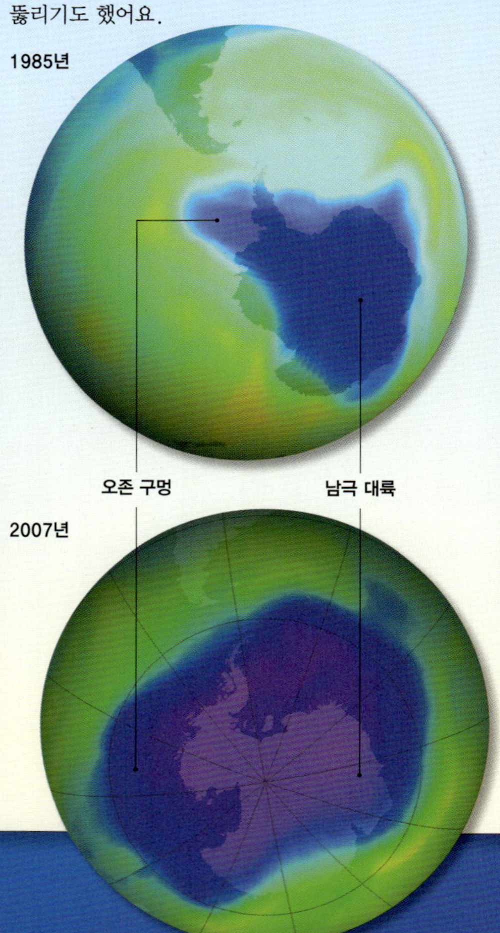

위험에 빠진 생태계 지구가 더워지면서 북극 지방에 사는 모든 생물이 큰 영향을 받고 있어요. 북극곰은 얼음 위에서 사냥을 해요. 그런데 지금은 얼음이 많이 녹아서, 사냥할 때 발판이 되는 얼음을 찾아 먼 곳까지 헤엄쳐 가야 해요.

녹고 있는 북극 지방

북극 지방의 기온은 지구 평균 기온보다 거의 두 배나 빨리 오르고 있어요. 북극해의 얼음은 예전보다 더 얇아졌으며, 얼음의 넓이도 확 줄어들었어요. 1980년 여름에는 얼음이 북극해의 약 780만 제곱킬로미터를 덮고 있었지만, 2007년 여름에는 얼음이 겨우 420만 제곱킬로미터밖에 되지 않았어요.

변하는 환경 극지방의 얼어붙은 땅이 줄어들자, 좀 더 따뜻한 곳에 사는 생물들이 나타나기 시작했어요. 극지방이 따뜻해지면 바닷물의 흐름에 큰 변화가 일어나요. 그래서 전 세계의 기후, 생물, 사람에게 그 영향이 미칠 수 있어요.

극지방의 미래

과학자들은 인간의 활동이 지구의 기온을 높이고 있다고 생각해요. 기온은 극지방이 가장 빨리 오르기 때문에 지구의 기후와 생물에게 큰 영향을 끼친답니다. 극지방의 얼음은 엄청난 양의 물을 담고 있어요. 이 얼음이 다 녹으면, 평균 바닷물의 높이가 약 70미터나 높아질 거예요. 물론 지금의 지구 온난화 속도로는 그런 일까지 일어나려면 수천 년이 걸리겠지요. 하지만 과학자들은 2100년까지 바닷물의 높이가 꽤 올라갈 것으로 내다보고 있어요. 이렇게 해수면이 높아지면 전 세계 수십억 명의 사람이 크고 작은 피해를 볼 수 있어요.

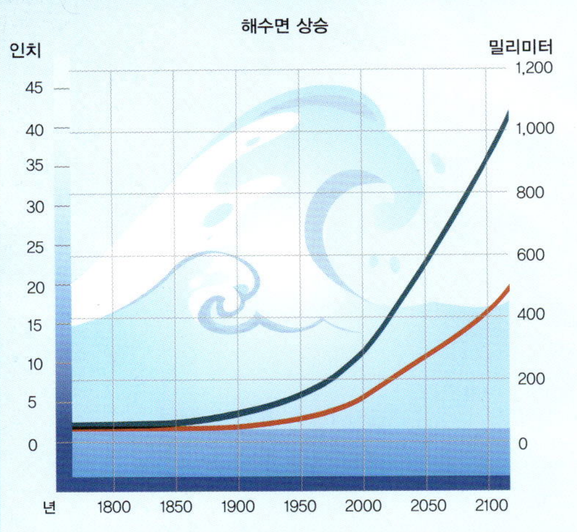

해수면 상승
해수면이 지금과 같은 속도로 계속 높아진다면, 2100년에는 약 480밀리미터에 이를 거예요. (붉은 선) 기온이 오르는 속도가 더 빨라지고 그린란드와 남극 대륙의 빙하가 많이 녹으면, 약 1000밀리미터까지도 높아질 수 있어요.(초록 선)

위험한 바닷가 폭풍우는 거센 바람과 함께 내리는 큰비예요. 폭풍우가 불면 바닷물이 불어나 바닷가 지역을 물에 잠기게 할 수 있어요. 해수면이 높아지면 폭풍우도 더 거세지고, 물에 잠기는 지역도 늘어날 거예요.

바닷물이 따뜻해지면 해수면이 높아지는 이유가 꼭 빙하가 녹아서 그런 것만은 아니에요. 지구가 따뜻해질수록 바닷물의 온도가 높아져, 그 부피가 팽창하기 때문이기도 해요.

얼음 속에서 알아낸 사실

빙하를 뚫어서 캐낸 원통형 얼음을 '얼음 코어'라고 하는데, 길이가 수 킬로미터에 달하기도 해요. 얼음 코어의 아래쪽에는 수십만 년 전의 얼음도 있어요. 얼음과 그 안에 갇힌 공기를 연구하니, 대기 중에 이산화탄소가 많아지면 기온이 올라가는 것으로 나타났어요.

솟아오르는 바다

바다를 끼고 있는 미국 최대의 도시 뉴욕은 해수면이 높아지면 물에 잠길 수도 있어요. 이 그림은 10미터 높이의 물에 잠긴 뉴욕의 모습이에요. 물론 가까운 미래에 이 정도까지 해수면이 높아질 것 같지는 않아요. 하지만 약간만 바닷물이 높아져도 폭풍우로 물에 잠길 위험이 커질 거예요. 앞으로 뉴욕은 둑을 쌓아야 할 것이고, 결국에는 더 높은 곳으로 도시를 옮겨야 할지도 몰라요.

위기의 나라들 해수면이 오르면, 가난한 나라들이 가장 큰 피해를 입을 수 있어요. 방글라데시 같은 나라는 국토의 80~90퍼센트가 해수면에서 높이 1미터 안에 있기 때문에 폭풍우가 몰아치면 큰일이 난답니다.

소금기 있는 땅 바닷물에는 소금기가 있어요. 짠 바닷물이 육지에 들어차면, 땅 위에 사는 동물이나 식물에게 큰 해를 입힐 거예요. 또 수돗물도 위험해질 수 있어요.

물 위의 도시 도시가 바닷물에 잠기면, 물 위에 뜨는 집이 큰 인기를 끌 거예요. 배를 비롯하여 물 위를 달리는 다양한 탈것이 새롭게 등장하겠지요.

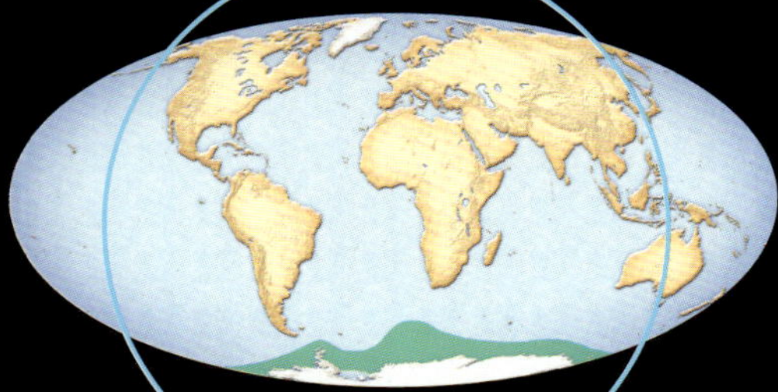

분포 지역 집중 탐구하는 동물이 어느 지역에 사는지 세계 지도에 초록색으로 나타냈어요.

얼룩무늬물범

학명: *Hydrurga leptonyx*

분류: 포유류

먹이: 크릴, 물고기, 펭귄, 바닷새, 게잡이물범을 비롯한 다른 물범

서식지: 남극 대륙 주위의 바다. 오스트레일리아까지 가기도 함

번식: 암컷은 6세부터 해마다 11~12월에 새끼를 1마리씩 낳음

수명: 약 26년

요약 집중 탐구하는 동물의 핵심 정보를 알아보기 쉽게 간추렸어요.

보존 상태 띠 집중 탐구하는 동물의 보존 상태를 나타내는 띠예요.

집중 탐구

늑대

학명: *Canis lupus*
분류: 포유류
먹이: 순록, 사향소, 말코손바닥사슴, 비버와 북극토끼 같은 더 작은 동물들
서식지: 메마른 사막과 열대 우림을 제외한 세계 곳곳
번식: 우두머리 수컷만 짝짓기를 함. 우두머리 암컷은 해마다 5~14마리의 새끼를 낳음
수명: 약 10년

늑대

늑대는 북아메리카, 유럽, 아시아에 살아요. 멀리 북극 지방부터 남쪽으로는 멕시코까지 퍼져 있답니다. 하지만 지금은 사람들에게 사냥을 당하여 많은 지역에서 사라지고 있어요. 사람은 늑대를 무서워하지만, 사실 늑대는 사람을 공격하는 일이 거의 없어요. 늑대는 몸집이 다양해요. 보통 북쪽에 사는 늑대가 가장 크답니다. 색깔도 회갈색을 띤 것부터 검은색을 띤 것까지 다양한데, 북극 지방의 툰드라에는 흰 늑대도 있어요. 늑대는 표정, 몸짓, 소리로 의사소통을 해요. 특히 사냥할 때나 영역을 지킬 때, 무리의 다른 늑대들에게 자신이 어디에 있는지 울음으로 알리지요.

빳빳한 꼬리 꼬리는 무리 안의 지위를 나타내요. 높은 지위의 수컷은 꼬리를 빳빳이 치켜세워요. 낮은 지위의 수컷은 꼬리를 다리 사이에 감추지요. 또 기쁠 때는 꼬리를 흔들어 자신의 감정을 표현해요.

집단 사냥꾼

늑대는 순록, 말코손바닥사슴, 사향소 같은 커다란 먹잇감도 가끔 사냥해요. 하지만 그런 동물들을 혼자 공격하면 위험해질 수도 있어요. 그래서 늑대는 보통 여럿이 무리를 지어 사냥한답니다.

❶ **몰래 다가가기** 늑대 무리는 냄새와 눈에 들어오는 정보 등을 이용하여 먹잇감을 찾아내요. 먹잇감을 발견하면, 들키지 않도록 아주 조용히 다가가요.

❷ **먹잇감 쫓기** 조용히 다가간 늑대들은 갑자기 먹잇감을 쫓아요. 그러다 그중에서 가장 약한 먹잇감을 찾아 공격해요. 이 그림처럼 어린 순록은 좋은 공격 대상이에요.

❸ **잡기** 당황한 어린 순록은 어미와 반대 방향으로 달아나다가 그만 늑대들에게 잡히고 말아요.

바짝 선 목털 공격이나 지배 행동을 보일 때, 늑대는 목덜미의 털을 바짝 세워요. 개도 비슷한 행동을 하지요. 지배 행동은 자신을 고분고분 따르라며 겁을 주는 거예요.

무리의 지도자

늑대는 보통 2~40마리가 무리를 지어 살아요. 늑대 무리에는 지위의 높고 낮음이 뚜렷해요. 먼저 맨 위에 우두머리 수컷과 암컷이 있어요. 우두머리는 먹잇감을 잡으면 가장 먼저 먹으며, 우두머리만이 새끼를 낳기 위한 짝짓기를 할 수 있어요. 우두머리가 겁을 주는 지배 행동을 보이면, 그 아래의 늑대들은 몸을 웅크리고 귀를 뒤로 눕히는 등 고분고분한 모습을 보여 준답니다.

시선 마주치기
우두머리는 지위가 낮은 늑대의 눈을 똑바로 바라봐요.

으르렁거리며 겁주기
자신이 더 강하다는 것을 드러낼 때, 공격을 할 때, 자기 방어를 할 때에는 날카로운 이빨을 드러내며 으르렁거려요.

무시무시한 이빨 늑대는 턱이 강하고 이빨이 날카로워요. 긴 송곳니로는 먹잇감을 움켜쥐고, 어금니로는 먹잇감을 잘게 잘라 내요.

늑대의 친척들

늑대는 갯과 동물로, 그 가운데 가장 커요. 갯과 동물은 다리가 길고 꼬리가 복슬복슬하고 주둥이가 좁아요. 세계 곳곳에서 살고 있으며, 우리가 키우는 개도 여기에 속해요.

코요테
늑대보다 작은 코요테는 캐나다 북쪽 끝 지역을 뺀 북아메리카와 중앙아메리카 곳곳에 살아요.

울버린
늑대의 영어 이름인 '울프'와 이름이 비슷하지만, 울버린은 갯과 동물이 아니에요. 개보다는 흰담비, 족제비, 수달에 더 가까워요.

북극여우
북극 지방에 사는 작은 포식자로 주둥이, 다리, 귀가 갯과의 다른 동물들보다 작아요.

사향소

학명: *Ovibos moschatus*
분류: 포유류
먹이: 풀, 갈대 등
서식지: 북극 지방의 툰드라
번식: 암컷은 2세 무렵부터 해마다 새끼를 1마리씩 낳으며, 때로는 쌍둥이도 낳음
수명: 20~24년 정도

사향소

사향소는 염소의 아주 가까운 친척으로, 북극 지방의 툰드라에서 식물을 먹고 살아요. 겨울에는 눈이 덜 쌓이는 언덕 꼭대기나 비탈에 지내면서 눈을 파헤쳐 먹이를 찾아요. 암컷과 수컷 모두 두 개의 커다란 뿔이 밑으로 자라며 뿔 끝은 위로 휘어요. 몸은 길고 거친 흑회색 보호털로 덮여 있고, 그 안쪽에 부드러운 속털이 빽빽하게 나 있어요. 생긴 것처럼 강인한 사향소는 보통 10~20마리가 무리를 지어 살아요. 때로는 약 100마리까지 무리가 늘어나기도 해요.

사향샘 작은 분비샘에서 독특한 사향 냄새를 내는 물질을 만들어요. 그래서 사향소라는 이름이 붙었어요. 수컷은 짝짓기할 때가 되면 암컷의 관심을 끌기 위해 사향 냄새를 풍겨요.

발굽 크고 둥글넓적한 발굽은 무거운 몸이 눈에 빠지지 않도록 떠받쳐요.

뭉치면 산다

늑대들의 공격을 받으면, 사향소 무리는 원이나 반원 모양으로 모여요. 서로 등을 마주 대고 늑대들을 바라보면서 날카로운 큰 뿔로 방어벽을 만들지요. 이 방법은 늑대들에게는 잘 통하지만, 사람 사냥꾼들에게는 한꺼번에 잡혀 죽기 쉬워요. 1800년대에 사향소는 털가죽, 고기, 뿔을 얻으려는 사람들 때문에 캐나다와 알래스카에서 거의 사라졌어요. 하지만 사향소를 보호하려는 또 다른 사람들의 노력으로 북아메리카의 툰드라에서 다시 볼 수 있게 되었어요.

수북한 털 길고 거친 보호털은 눈과 얼음으로부터 털가죽이 잘 젖지 않게 해요. 부드럽고 빽빽한 속털은 겨울의 매서운 추위를 막아 주며, 봄에는 저절로 빠진답니다.

둥근 방어벽

포식자들로부터 위협을 받으면, 사향소 무리는 포식자들을 마주 보면서 둥글게 모여요. 약한 새끼들은 원 안쪽에 두고, 어른 사향소들은 커다란 뿔로 적들의 공격을 막아 내요.

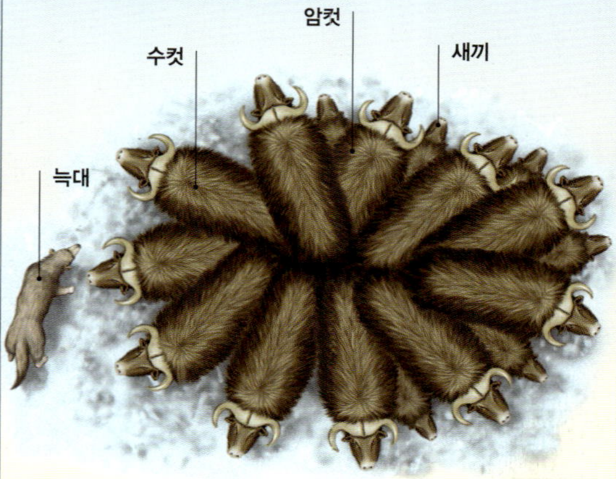

뿔 태어나서 4~5주가 되면, 뿔이 자라기 시작해요. 수컷의 뿔이 더 크게 자라지요. 뿔은 누가 더 높은지 서열을 가리거나 포식자에게 맞설 때 쓴답니다.

대서양퍼핀

학명: *Fratercula arctica*

분류: 조류

먹이: 작은 물고기, 오징어와 갑각류 등

서식지: 북대서양

번식: 암컷은 4~5세부터 해마다 알을 1개씩 낳고, 새끼는 부모가 함께 기름

수명: 약 20년

대서양퍼핀

대서양퍼핀은 유럽 북부, 그린란드, 아이슬란드, 북아메리카 북서부의 바닷가에 사는 작은 바닷새예요. 여름에는 하얗고 검은 깃털과 주황색 부리로 쉽게 알아볼 수 있어요. 겨울에는 부리를 감싸던 화려한 껍질이 떨어지고, 검은 깃털이 자라서 하얗던 얼굴을 덮어요. 대서양퍼핀은 몸집이 작지만, 하루에 물고기를 40마리 넘게 잡아먹을 만큼 뛰어난 낚시꾼이에요. 하지만 바다 오염이 날로 심해져 걱정이랍니다. 또 이들이 살고 있는 섬에 고양이와 쥐가 들어와 큰 위협이 되고 있어요.

화려한 부리 부리는 짝짓기할 때가 되면 선명한 색깔을 띠어요. 겨울에는 바깥 껍질이 떨어져서 칙칙하고, 더 작아 보여요.

가시투성이 입천장 매끄러운 물고기를 잡을 수 있도록 입천장이 가시로 덮여 있어요. 한 번 먹이를 잡으러 나가면, 작은 물고기를 12마리까지 잡을 수 있어요.

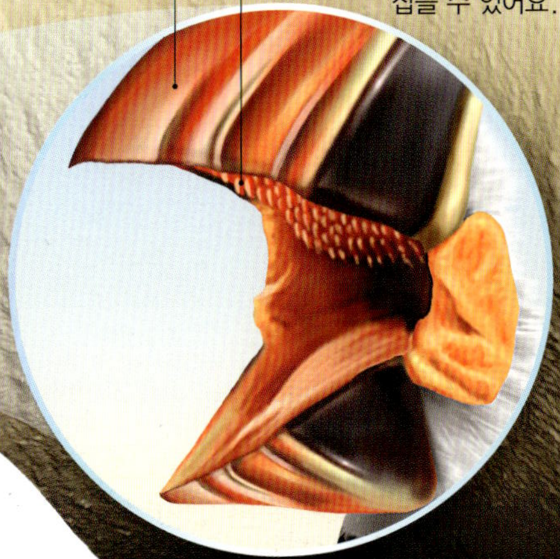

수영과 비행

대서양퍼핀은 새인데도 헤엄과 잠수에 뛰어나요. 많은 시간을 바다에서 헤엄치며 보내지만, 짝짓기는 뭍에서 해요.

수영
날개로 나는 것처럼 물속을 헤엄쳐요. 물갈퀴가 있는 커다란 발로 방향을 잡지요.

비행
대서양퍼핀은 짧은 거리를 날 수 있어요. 공중에 뜨기 위해 1초에 5~6번 정도 날개를 치다가, 바람을 타고 날아요.

새끼 어미 대서양퍼핀은 물고기를 부리 가득 물어다가 새끼에게 먹여요. 이 새끼 퍼핀의 갈색 솜털 안에서 곧 어른 깃털이 자랄 거예요.

땅속 둥지

대서양퍼핀은 부리와 발로 땅속에 2미터나 굴을 파고 보금자리를 만들어요. 버려진 토끼 굴을 보금자리로 삼기도 해요. 암컷은 굴속에서 커다란 알을 한 개 낳아요. 알은 부모가 번갈아 품으며, 약 40일이 지나면 새끼가 나와요. 부모는 바다에서 먹이를 물고 와 새끼에게 먹여요. 알에서 나온 지 43일쯤 되면, 새끼는 굴 밖에서 시간을 보내기 시작해요. 그러다 일주일 뒤에는 날아다니며 스스로 먹이를 잡지요.

북극곰

학명: *Ursus maritimus*

분류: 포유류

먹이: 물범, 흰돌고래, 일각돌고래, 어류, 바닷새, 순록 등과 나무 열매 같은 몇몇 식물. 가끔 사람도 공격함

서식지: 북극해 주위의 해빙과 바닷가

번식: 암컷은 5~6세부터 2~4년마다 1~4마리의 새끼를 낳음

수명: 25~30년 정도

북극곰

크고 힘센 북극곰은 북극 지방의 최상위 포식자이자, 전 세계 육지에서 가장 큰 육식 동물이에요. 북극곰의 몸은 두꺼운 털가죽과 지방으로 덮여 있어요. 그 위에 물기가 잘 스며들지 않게 해 주는 보호털과 부드러운 속털이 빼곡히 나 있어서 매서운 추위를 견뎌 내요. 북극곰은 주로 고리무늬물범과 턱수염바다물범을 잡아먹어요. 사냥할 때에는 물범이 숨을 쉬기 위해 올라오는 얼음 구멍 옆에서 기다리곤 해요. 하지만 얼음 위에 있는 먹잇감에게 몰래 다가가 사냥하기도 하지요. 북극곰에게 가장 큰 위협은 지구가 따뜻해지는 거예요. 북극 지방이 더워져서, 북극곰의 사냥터인 바다를 덮은 해빙이 점점 녹고 있거든요. 이미 몇몇 지역에서는 북극곰의 수가 줄어들고 있어요.

뛰어난 코 북극곰은 약 5킬로미터 떨어진 곳에서도 물범과 다른 북극곰의 냄새를 맡을 수 있어요. 암컷보다 훨씬 큰 수컷이 새끼에게 먹이를 준다고 알려져 있어요.

굴 입구 새끼들이 밖으로 나갈 준비가 되면, 어미는 굴 입구를 뚫어 주어요. 북극곰 가족은 굴 근처에서 15일쯤 지내다가 바다로 사냥하러 가요.

체온 유지

날씨가 몹시 추워지면, 북극곰은 코를 덮은 채 몸을 둥글게 말고 있어요. 몸에 덮인 눈도 추위를 막는 데 도움을 주지요.

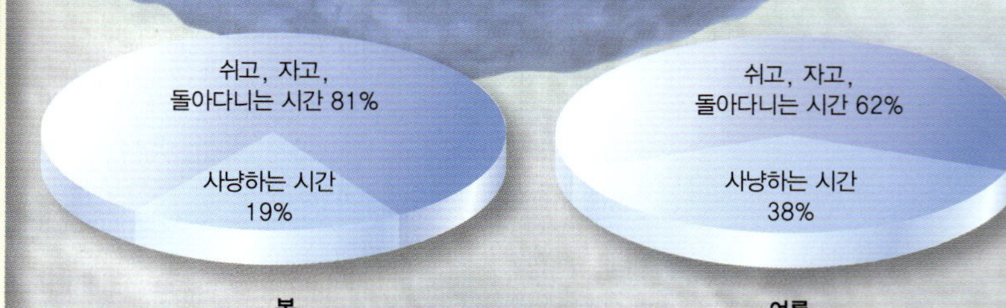

어미와 새끼의 활동

과학자들은 북극곰의 활동을 관찰하고 기록해요. 이 그래프에는 봄(3, 4, 5월)과 여름(6, 7, 8월)에 어미와 새끼가 시간을 어떻게 쓰는지 나타나 있어요.

굴속에서

가을에 새끼를 밴 암컷 북극곰은 굴을 파고 들어가요. 굴속에서 눈도 못 뜨는 자그마한 새끼들을 낳지요. 새끼들은 한 층의 짧은 털로 덮여 있어서, 겨울의 추위를 견딜 수 없어요. 때문에 봄이 올 때까지 굴속에서 머물러요. 굴속에서 지내는 동안 어미는 아무것도 먹지 않아요. 하지만 새끼들에게는 지방이 풍부한 젖을 먹인답니다.

숨 쉬는 구멍 이 구멍으로 탁한 공기가 나가고, 바깥에서 신선한 공기가 들어와요. 때때로 내리는 눈에 구멍이 막히기도 해요.

에너지를 아껴요 어미는 굴속에서 겨울잠을 자는 것과 비슷한 상태에 들어가요. 그러면 심장 박동이 줄어들어 에너지를 덜 쓰게 됩니다. 다시 먹이를 먹을 때까지 8개월 정도 버티려면, 에너지를 아끼는 것이 중요해요.

노는 아기들 북극곰은 보통 새끼를 2마리 정도 낳지만, 4마리까지 낳기도 해요. 새끼들은 두 살이 될 때까지 가족과 함께 지내요.

볼록한 살이 붙은 커다란 발

북극곰의 커다란 발은 넓게 퍼져 있어서, 무거운 몸이 눈에 빠지지 않도록 떠받쳐요. 발바닥의 털도 차가운 얼음에 닿는 발을 보호해요.

열을 빨아들이는 피부
북극곰의 털은 하얗지만, 피부는 검은색이에요. 발바닥의 볼록한 살도 검은색을 띠지요. 검은색은 열을 많이 빨아들이는 색깔이라서 북극곰의 체온 유지에 도움을 주어요.

멸종 위기종 | 멸종 취약종 | 관심 필요종 | 자료 부족종

흰돌고래

학명:	*Delphinapterus leucas*
분류:	포유류
먹이:	어류와 바다의 무척추동물
서식지:	북극해와 근처의 깊은 바다
번식:	암컷은 약 5세부터 3년마다 새끼를 1마리씩 낳음
수명:	확실하지 않지만 25~35년 정도

흰돌고래

흰돌고래는 북극해와 그 근처 바다에 사는 작은 이빨고래예요. 태어날 때는 피부가 짙은 회색이지만, 자라면서 점점 흰색을 띠어요. 흰돌고래들은 휘파람, 꾸르륵 소리, 끽끽 소리 등으로 서로 대화를 나누어요. 가끔은 항해 중인 배 안에서 들릴 정도로 시끄러운 소리를 내기도 해요. 그래서 '바다의 카나리아'라고 불린답니다. 흰돌고래의 적은 주로 북극곰, 범고래 그리고 사람이에요. 특히 사람들은 고기, 가죽, 지방을 얻기 위해 많은 흰돌고래를 사냥해 왔어요. 그 결과, 몇몇 북극 지방에서는 흰돌고래가 거의 사라졌지요. 오늘날에는 사냥을 막는 등 흰돌고래를 멸종에서 구하려는 노력이 이어지고 있어요.

모양이 바뀌는 멜론 불룩 튀어나온 흰돌고래의 이마에는 지방이 들어찼어요. 이 부분을 '멜론'이라고 해요. 멜론은 소리와 초음파를 내는 데 쓰이며, 모양을 바꿀 수도 있어요.

불룩 튀어나온 등 보통의 고래와 달리 흰돌고래는 등지느러미가 없어요. 그 대신, 등줄기가 낮게 튀어나왔어요. 바다 얼음 아래에서 헤엄치는 데 걸리적거리지 않도록 적응한 탓인 듯해요.

부드러운 목 흰돌고래는 다른 고래들과 달리 목이 좁고, 목뼈 마디들이 합쳐져 있지 않아요. 그래서 고개를 숙이거나, 머리를 오른쪽 왼쪽으로 돌릴 수 있어요.

사회적 동물

흰돌고래는 보통 20마리까지 무리를 지어 살아요. 하지만 이동할 때나 먹이가 아주 풍부한 곳에서는 자그마치 1만 마리까지 모이기도 한답니다. 이 돌고래는 무리마다 먹이의 양과 바다 위에 얼음이 퍼진 정도에 따라 살아가는 모습이 달라요. 이동하지 않고 일 년 내내 한곳에 머물러 있는 무리도 있어요.

멋진 꼬리 꼬리 끝은 얇고 넓으며, 한가운데가 오목해요. 나이가 들면, 꼬리 끝이 더 오목해지면서 멋진 곡선을 이룬답니다.

어린이
약 1.4미터

새끼 흰돌고래
약 1.6미터

다 자란 흰돌고래
약 4미터

일각돌고래

북극해에 사는 일각돌고래는 흰돌고래의 가까운 친척이에요. 물고기, 오징어, 새우 등을 먹고 살아요. 일각돌고래는 12~20마리씩 무리를 지어 다니는데, 때로는 수백 마리가 모이기도 해요. 뿔처럼 길게 자란 엄니가 어떤 일을 하는지는 아직 밝혀지지 않았어요.

커다란 이빨
일각돌고래의 엄니는 왼쪽 앞니가 약 3미터 정도 길게 자란 것으로, 수컷에게만 있어요. 이따금 오른쪽 앞니도 함께 자라서 엄니가 두 개인 것도 있어요.

바다코끼리

학명: *Odobenus rosmarus*
분류: 포유류
먹이: 바다 밑바닥에 사는 조개류 따위의 무척추동물
서식지: 북극해의 얼음판이나 바닷가
번식: 암컷은 6세부터 2년마다 새끼를 1마리씩 낳음
수명: 약 40년

바다코끼리

바다코끼리는 커다란 바다 포유류예요. 온몸이 두꺼운 지방으로 덮여 있고, 주름진 피부와 굵은 수염 때문에 바다의 노인처럼 보여요. 가장 뚜렷한 특징은 길쭉한 엄니인데, 원래 송곳니였던 것이 환경에 적응한 것으로 보여요. 바다코끼리는 북극해에 떠다니는 얼음판에서 살지만, 물에서도 편안하게 지낸답니다. 심지어 물 위에서 잠도 자요. 머리 양쪽에 부풀릴 수 있는 공기주머니가 있어서, 자다가 물속으로 가라앉지 않거든요. 많은 바다코끼리는 겨울에 북극해의 얼음이 남쪽까지 뻗으면 따라갔다가, 여름에 다시 북쪽으로 올라와요. 때로는 뭍으로 올라와 큰 무리를 이루어 지낸답니다.

먹이 찾기

바다코끼리는 깊이 10~50미터의 바다 밑바닥에서 먹이를 찾아요. 입으로 물을 뿜어 바다 밑바닥을 휘저어서 조개 따위를 찾아 빨아 먹지요.

경쟁하는 수컷들

바다코끼리는 누가 더 높은지 서열을 정할 때 엄니로 맞서요. 고개를 치켜들어 엄니를 자랑하다가, 때로는 엄니로 상대편을 치기도 해요. 지위가 높은 수컷은 몸집도 더 크고, 엄니가 무려 1미터 넘게 자라기도 해요. 이런 수컷은 바닷가에서 가장 좋은 자리를 차지하고 암컷들과 짝짓기를 하지요.

앞지느러미발 헤엄칠 때 앞지느러미발은 노처럼 젓거나 그냥 몸에 붙여요. 꺼끌꺼끌한 앞지느러미발의 발바닥은 얼음 위에서 미끄러지는 것을 막아 주어요.

뒷지느러미발 바다코끼리는 뒷지느러미발로 물속에서 앞으로 나아가요. 땅에서는 뒷지느러미발을 몸 아래쪽으로 넣어서 네 발로 걸을 수 있어요.

쓸모 있는 엄니 주로 상대편보다 자신이 강하다는 것을 자랑할 때나 포식자와 싸울 때 엄니를 써요. 또 물에서 얼음판 위로 올라갈 때 엄니로 얼음을 찍어서 몸을 끌어 올린답니다.

예민한 수염 주둥이는 신경이 많이 퍼져 있는 약 450개의 빳빳한 수염으로 덮여 있어요. 수염은 탁한 바다 밑바닥을 헤치고 먹이를 찾는 데 도움을 주어요.

엄니 속

엄니는 평생 자라요. 엄니 속의 한가운데는 얼룩덜룩해요. 그 주위를 여러 층이 감싸고, 중심에서 바깥으로 뻗은 희미한 선들이 있어요.

범고래

학명: *Orcinus orca*

분류: 포유류

먹이: 물범, 바다사자, 바다코끼리, 다른 고래들, 물고기, 오징어, 바닷새 등

서식지: 전 세계의 바다

번식: 암컷은 12세 무렵부터 3~8년마다 새끼를 1마리씩 낳음

수명: 수컷은 약 60년, 암컷은 약 90년

범고래

범고래는 돌고랫과에서 가장 큰 동물로, 전 세계의 바다에서 살아요. 수컷은 암컷보다 더 크며, 약 9.8미터까지 자라기도 해요. 몸집이 크고 힘이 센 범고래는 빠르게 헤엄치면서 물범이나 작은 바다코끼리를 통째로 삼킬 수 있어요. 또 사납기도 해서 '살인자 고래'라는 별명이 붙여졌지요. 범고래들은 휘파람 소리를 비롯한 여러 소리로 서로 대화를 나누는 사회적인 동물이에요. 그리고 초음파를 쏘아서, 물체에 부딪쳐 돌아오는 메아리를 듣고 먹잇감의 위치를 알아내기도 해요. 범고래는 멸종 위기에 놓여 있지 않지만, 사람들의 지나친 사냥과 바다 오염 등으로 머지않은 미래에 멸종 위기에 놓일 위험이 높아요.

등지느러미 등 한가운데 삼각형의 등지느러미가 있어요. 암컷의 등지느러미는 수컷의 것보다 훨씬 작고, 뒤쪽으로 더 휘어져 있어요.

작은 무리 범고래는 작은 무리를 지어 다녀요. 이 가족 집단은 보통 커다란 수컷 한 마리, 커다란 암컷 한 마리, 작은 암컷들과 새끼들 서너 마리로 이루어져요. 작은 무리가 모여서 약 250마리나 되는 큰 무리를 이루기도 해요.

탐나는 먹이 남극해에서 어떤 범고래는 주로 물범과 물개를 먹어요. 밍크고래를 좋아하는 범고래도 있어요. 남극이빨고기를 주로 먹는 범고래도 있지요.

엿보기

범고래는 꼬리로 물을 저어 몸을 곧추세운 채 머리를 물 밖으로 내밀곤 해요. 이런 행동을 '엿보기'라고 해요. 먹이를 찾기 위해 물 위를 살피는 것 같아요.

사냥 무기 범고래는 턱 양쪽에 10~14개의 뾰족한 이빨이 나 있어요. 먹이를 통째로 삼킬 때도 있지만, 큰 먹이는 이빨로 잘라서 먹어요.

다양한 사냥 기술

범고래의 대표적인 사냥 기술은 먹잇감이 알아채지 못하도록 빠르게 헤엄쳐 다가가는 거예요. 범고래는 거친 파도를 일으키면서 바닷가로 다가가 새끼 물개를 와락 낚아채지요. 그 밖에도 떠다니는 얼음판을 뒤집어서 위에 있는 펭귄을 잡기도 해요. 빠른 속도로 얼음 위로 솟구쳐 1미터 두께의 얼음판을 깰 때도 있어요. 때로는 무리를 지어 흰긴수염고래 같은 거대한 먹이를 사냥하기도 해요.

황제펭귄

학명: *Aptenodytes forsteri*

분류: 조류

먹이: 물고기, 크릴, 오징어 등

서식지: 남극 지방

번식: 암컷은 3세부터 해마다 5~6월에 알을 1개씩 낳음

수명: 약 20년

헤엄치기 알맞게

황제펭귄은 날지도 못하고, 걷는 것도 굼뜨지만, 헤엄치는 데는 선수예요. 유선형의 몸은 얼룩무늬물범이나 범고래를 피해 물속에서 총알처럼 달아날 수 있어요. 약 500미터 깊이의 바닷속까지 잠수할 수 있고, 물속에서 22분 정도 머무를 수 있어요. 깃털은 기름기가 있고 납작해서 물이 들어오는 것을 막아 주어요. 만약 깃털이 쉽게 젖는다면, 펭귄의 몸은 금세 얼어붙고 말 거예요.

황제펭귄

황제펭귄은 약 17종의 펭귄 가운데 몸집이 가장 커요. 남극해에서 오징어, 크릴, 물고기를 잡아먹고 살지요. 3~4월에는 알을 낳으려고 남극 대륙 안쪽으로 가는데, 많으면 약 2만 5000쌍이 한곳에 모인답니다. 암컷들은 커다란 알을 하나 낳은 뒤, 먹이를 먹기 위해 다시 바다로 돌아가요. 그러면 수컷들은 발 위에 알을 품은 채 옹기종기 모여서, 암컷들이 돌아올 때까지 매서운 추위를 견뎌 내요. 알에서 나온 새끼는 수컷의 입에서 젖 같은 액체를 받아먹어요. 약 한 달 뒤에 돌아온 어미는 뱃속에 있는 먹이를 조금씩 게워 내 새끼에게 먹인답니다. 이렇게 자란 새끼는 150일 정도 지나면, 깃털이 다 돋아서 스스로 사냥을 시작해요.

보호색 물속의 펭귄을 아래에서 올려다보면, 하얀 배가 물속에 들어온 햇빛에 섞여서 눈에 잘 띄지 않아요. 위에서 내려다보면, 검은 등이 그 아래의 거무스름한 바다에 섞여서 잘 보이지 않지요.

지느러미 날개 펭귄의 날개는 물속에서 노처럼 쓰이는 빳빳하고 납작한 지느러미발이 되었어요. 펭귄은 날지 못하지만, 헤엄치는 모습은 꼭 물속에서 나는 것 같답니다.

얼음 위를 돌아다니기

황제펭귄은 많은 시간을 물속에서 보내요. 하지만 해마다 알을 낳으러 가는 것처럼, 얼음 위도 돌아다녀요.

썰매 타기
배를 얼음에 대고 날개와 발로 밀어서 썰매 타듯 나아갈 수 있어요.

물속에 들어가기
물속에 들어갈 때는 배를 대고 얼음 위를 미끄러지듯 나아가요. 기다리는 포식자들로부터 몸을 지키기 위해 무리를 지어 물속으로 들어가요.

걷기
펭귄은 다리가 짧고 뚱뚱하여 뒤뚱거리며 느리게 걸어요. 그래서 비슷한 크기의 다른 육지 동물보다 걸을 때 두 배나 더 많은 에너지를 써요.

대왕오징어

학명: *Mesonychoteuthis hamiltoni*

분류: 연체동물 두족류

먹이: 물고기, 다른 오징어 같은 바다 동물

서식지: 남극 대륙 주위의 깊은 바다

번식: 거의 알려져 있지 않음. 다른 오징어처럼 알을 낳고, 알에서 작은 오징어가 나오는 듯함

수명: 알려져 있지 않음

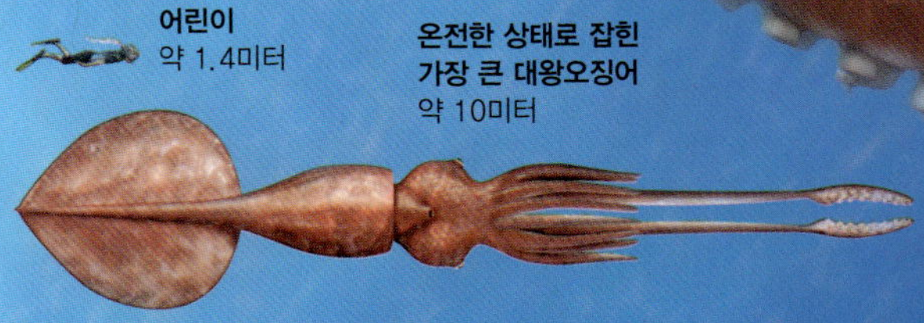

대왕오징어

무척추동물 가운데 가장 큰 대왕오징어는 1000미터가 넘는 깊은 바닷속에서 살아요. 하지만 지금까지 몸 전체가 온전히 발견된 것이 드물어서, 과학자들도 대왕오징어에 대해 자세히 알지는 못해요. 지금까지의 기록으로는 2007년 어부들이 우연히 잡은 것이 가장 컸어요. 몸길이가 약 10미터, 몸무게는 약 495킬로그램이었어요. 향유고래의 위장에서 몸 일부분이 발견되기도 했는데, 과학자들은 이 대왕오징어의 최대 몸길이가 약 14미터라고 추측했어요. 대왕오징어는 큰 몸집에 비해 감각이 아주 예민하며, 문어와 갑오징어의 가까운 친척이에요.

지느러미 지느러미는 물속에서 균형을 잡아 주고, 느린 속도로 나아가는 데 쓰여요.

바뀌는 몸 색깔 오징어의 피부 세포에는 붉은 색소가 들어 있어요. 이 세포들이 오므라들면, 피부의 붉은색이 옅어져요.

거대한 몸

대왕오징어는 엄청나게 커요. 전 세계의 동물 가운데 가장 큰 눈을 가지고 있어요. 대왕오징어의 몸통을 가로로 자르면, 자그마치 트럭의 타이어만 하답니다.

고속 헤엄

오징어는 매우 빠른 속도로 헤엄치며 먹이를 잡아요. 근육질의 외투막을 조여서, 머리 옆이나 다리 근처에 있는 관으로 몸 안의 물을 강하게 내뿜어요. 그 힘으로 앞으로 튀어 나가지요. 다리와 촉완으로 먹이를 잡은 다음, 부리로 가져가 먹어요.

부리

대왕오징어는 새처럼 아주 단단한 물질로 된 부리가 있어요. 이 부리로 먹이를 적당한 크기로 잘라 먹어요.

촉완
외투막 강한 근육으로 이루어진 외투막이 몸을 감싸고 있어요.
부리
움켜쥐는 다리 각각의 다리에는 갈고리와 이빨이 달린 빨판이 있어요. 이런 다리로 먹이를 잡아서 부리로 가져가요.
무시무시한 곤봉 오징어의 다리는 모두 10개예요. 그중에 다른 것보다 긴 2개의 다리를 '촉완'이라고 해요. 촉완의 끝 부분은 곤봉처럼 넓고 두툼하며, 큰 빨판이 모여 있어요.

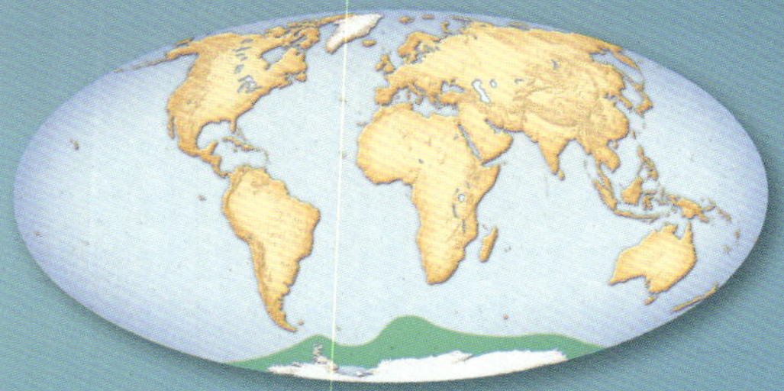

얼룩무늬물범

학명: *Hydrurga leptonyx*
분류: 포유류
먹이: 크릴, 물고기, 펭귄, 바닷새, 게잡이물범을 비롯한 다른 물범
서식지: 남극 대륙 주위의 바다. 오스트레일리아까지 가기도 함
번식: 암컷은 6세부터 해마다 11~12월에 새끼를 1마리씩 낳음
수명: 약 26년

얼룩무늬물범

얼룩무늬물범은 무시무시한 사냥 솜씨를 지닌 진정한 바다의 포식자예요. 남극 대륙 주위의 바다를 돌아다니며 새끼 물범을 사냥하기도 하고, 펭귄이 물속에 뛰어들기를 기다렸다가 낚아채기도 해요. 얼룩무늬물범을 잡아먹는 동물은 범고래밖에 없어요. 얼룩무늬물범은 홀로 사는 동물이에요. 짝짓기할 때를 빼고는 대부분의 시간을 바다에서 홀로 지내요. 번식기에는 뭍에서 쌍쌍이 또는 작은 무리를 짓는데, 암컷과 수컷 모두 노래를 부른답니다. 아마 자신의 짝을 찾으려고 그러는 것 같아요.

흰 털이 복슬복슬
이 새끼 하프물범은 다른 새끼 물범들처럼 빽빽한 흰 털로 덮여 있어요. 주위의 얼음 색깔과 비슷한 흰 털로 위장한 것이지요. 다 자라면, 털 색깔이 달라져요. 하지만 새끼 얼룩무늬물범은 어른과 털 색깔이 같아요.

얼룩덜룩 반점 털 색깔은 등 쪽은 짙고, 배 쪽은 연해요. 어깨, 목, 옆구리에 난 반점 때문에 얼룩무늬물범이라는 이름이 붙여졌어요.

닮았지만 다른

물범과 물개는 가까운 친척이지만 다른 종이에요. 물범은 귓바퀴가 없고, 물개는 귓바퀴가 있어요. 물론 귓바퀴가 없다고 해서 귀가 없는 것도, 들을 수 없는 것도 아니랍니다.

남극물개
몸을 감싸고 있는 털가죽이 아주 두꺼워요. 바다사자와 달리, 뭍에서 앞지느러미발로 윗몸을 일으킬 수 있어요.

게잡이물범
남극 대륙 주위에 살며, 어금니로 물에서 크릴 같은 작은 먹이를 걸러 내어 먹어요.

바다의 표범

얼룩무늬물범은 몸이 유선형이에요. 빠르게 물을 헤치고 나가 사냥하는 데 딱 알맞은 몸이지요. 머리와 턱은 크고, 시각과 후각이 잘 발달했어요. 엄니는 길고 날카로워서 펭귄 같은 큰 먹잇감도 꽉 물 수 있어요. 먹이를 물면, 마구 흔들어서 잘게 찢어 먹어요. 엄니 뒤쪽의 어금니는 씹기 위한 것이 아니라, 바닷물에서 크릴을 걸러 내는 데 쓰여요.

거대한 턱 긴 턱은 아주 넓게 벌어져요. 강한 턱 근육과 긴 엄니는 큰 먹잇감을 잡는 데 알맞아요.

어금니 날카로운 어금니는 세 갈래로 나뉘었어요. 위아래의 어금니는 잘 물려서, 작은 크릴도 거뜬히 걸러 낼 수 있어요. 얼룩무늬물범은 펭귄을 잡아먹기도 하지만, 먹이의 약 40퍼센트는 크릴이에요.

앞지느러미발
얼룩무늬물범은 헤엄칠 때 다른 물범들보다 앞지느러미발을 더 잘 써요. 앞지느러미발은 아주 크고 힘이 세요.

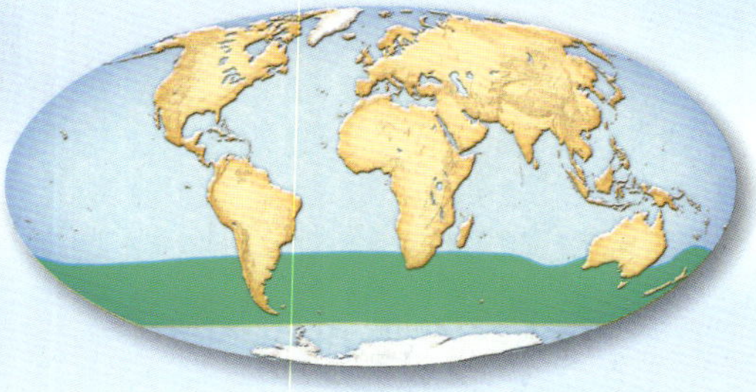

떠돌이앨버트로스

학명: *Diomedea exulans*
분류: 조류
먹이: 물고기, 오징어, 바다 위에 뜬 죽은 동물 등
서식지: 먼바다를 날며, 사우스조지아 섬 같은 남극 대륙 주위의 섬에 보금자리를 틈
번식: 암컷은 9세부터 2년마다 새끼를 1마리씩 낳음
수명: 약 80년

떠돌이앨버트로스

떠돌이앨버트로스는 살아 있는 새 가운데 날개폭이 가장 길어요. 특히 바람을 타고 나는 활공 능력이 뛰어난데, 날개 한 번 퍼덕이지 않고 4시간을 날 수도 있어요. 바다에서 물고기와 오징어를 잡아먹으면서 한 번에 몇 달씩 날기도 해요. 시속 80킬로미터가 넘는 속도로 하루에 약 900킬로미터를 날아가기도 하지요. 짝짓기 때가 되면, 땅에 내려와 남극 대륙 주위의 섬에 무리를 지어 보금자리를 틀어요. 떠돌이앨버트로스는 멸종 위기에 놓여 있는 동물이에요. 해마다 사람들이 친 그물에 걸려 수천 마리가 목숨을 잃거든요.

비행하기 좋은 날개 떠돌이앨버트로스의 날개는 길고 얇아요. 날 때는 어깨의 특수한 잠금장치로 쫙 펼친 자세를 유지해요. 그러면 날개를 펼치는 데 계속 힘을 쓰지 않아도 되어요.

비행기 같은 새

다른 새들은 주로 날갯짓으로 날아오르는 힘을 얻지만, 떠돌이앨버트로스는 바람의 힘으로 날아올라요. 날개의 모양과 크기 때문이에요. 특히 날개가 너무 길어서 발을 땅에 딛고는 날갯짓을 하기가 어려워요. 그래서 바람을 탈 때까지 달린 다음, 몸이 떠오르면 그제야 날갯짓으로 높이 날아올라요.

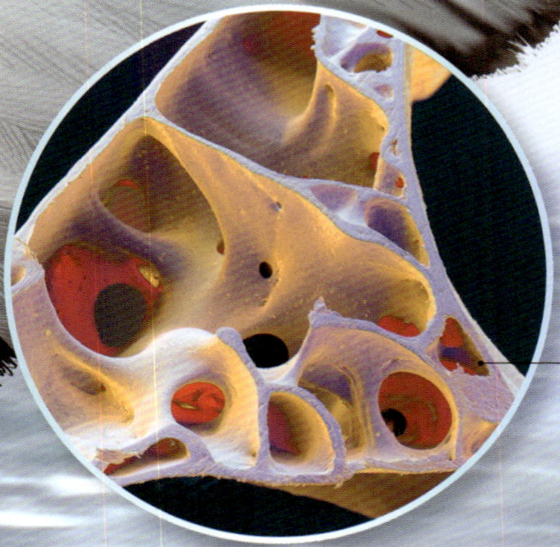

속이 빈 뼈 날 수 있는 새들은 뼛속이 비어 있는데, 떠돌이앨버트로스도 그렇답니다. 이렇게 속이 빈 뼈는 새의 몸무게를 가볍게 해요.

가슴 근육 날갯짓하는 데 필요한 힘은 가슴 근육에서 나와요. 떠돌이앨버트로스는 날아오를 때 빼고는 날갯짓을 거의 하지 않아요. 일단 공중에 뜨면 날개를 칠 필요가 없으니까요.

새끼 낳기

12월이나 1월에 알을 하나 낳는데, 보통 3월 초에 알에서 새끼가 나와요. 어미는 처음 4~5주 동안 꼬박꼬박 새끼에게 먹이를 주다가, 차츰 먹이를 주는 횟수를 줄여요. 11~12월이 되면, 새끼는 깃털이 다 자라서 날 수 있어요.

진흙 보금자리
바람이 부는 섬의 비탈진 풀밭에 진흙으로 보금자리를 지어요. 떠돌이앨버트로스는 평생 한 마리와 짝을 이루며, 해마다 같은 보금자리로 돌아와서 알을 낳아요.

흰긴수염고래

학명: *Balaenoptera musculus*
분류: 포유류
먹이: 크릴 같은 무척추동물
서식지: 전 세계의 바다
번식: 암컷은 약 10세부터 2~3년마다 새끼를 1마리씩 낳음. 임신 기간은 12개월
수명: 약 110년

거대한 심장
흰긴수염고래는 엄청난 양의 피를 온몸으로 보내야 하기 때문에 커다란 심장이 필요해요. 심장의 무게는 약 700킬로그램으로, 작은 차의 무게와 비슷해요.

어린이
약 1.4미터

수컷 흰긴수염고래
약 25미터

흰긴수염고래

흰긴수염고래는 지금까지 알려진 모든 동물 가운데 가장 큰 동물이에요. 전 세계의 바다에 살지만, 남극 대륙 주위에 사는 흰긴수염고래가 가장 커요. 기록된 최고의 몸길이는 33.6미터, 몸무게는 190톤으로 2층 버스보다 15배가 넘게 무거워요. 이 거대한 동물은 몸집과는 달리 작은 바다 생물을 먹고 살아요. 여름에는 남극해와 북극해에서 지내며, 하루에 크릴을 3.6톤이나 먹어 치워요. 그러다 겨울이 되면, 더 따뜻한 곳으로 가서 짝짓기를 하지요. 흰긴수염고래는 사람들의 지나친 사냥으로 멸종 위기에 이르렀어요. 1967년부터 사냥이 금지되었지만, 좀처럼 수가 늘지 않아 걱정이랍니다.

크게 한입
흰긴수염고래는 목이 평소보다 네 배까지 늘어나요. 그래서 무려 자기 몸의 절반이 되는 물을 입안에 담을 수 있어요.

거대한 꼬리 꼬리는 작은 비행기의 날개만큼 커요. 이 꼬리를 쳐서 시속 48킬로미터까지 속도를 높일 수 있어요.

고래수염의 털 고래수염의 가장자리는 빳빳한 털처럼 되어 있어요. 이것이 입에 담은 물을 내보낼 때 크릴을 거르는 체 역할을 해요.

고래수염 흰긴수염고래는 이빨이 없어요. 그 대신 입천장 양쪽에 300~400개의 고래수염이 줄지어 나 있어요. 고래수염은 사람의 손톱이나 발톱과 같은 물질로 이루어져 있어요.

식사 시간 낮에는 크릴이 가장 많이 몰려 있는 깊이 100미터 정도의 바다로 내려가요. 하지만 밤에는 바다 위쪽으로 올라와 먹이를 먹어요.

주름진 목 목에 세로 주름이 많이 나 있어요. 먹이를 먹을 때에는 주름들이 펴지면서, 목이 평소보다 네 배나 더 늘어나요. 그래서 엄청난 양의 물과 먹이를 머금을 수 있지요.

거대한 체

흰긴수염고래는 바닷물에서 작은 먹이를 걸러 내어 먹어요. 크릴이 떼 지어 있는 곳을 찾으면, 커다란 입을 벌려서 많을 때는 90톤이나 되는 물을 한꺼번에 삼키지요. 그런 다음, 입을 살짝 다물고 강한 목 근육으로 삼킨 물을 내보내요. 그렇게 해서 고래수염에 걸린 먹이들을 혀로 긁어 먹어요.

클리오네

털벌레

크릴

거인의 작은 먹이

흰긴수염고래는 아주 작은 바다 동물을 먹어요. 특히 새우처럼 생긴 작은 크릴을 좋아해요. 기후 변화와 사람들의 낚시로 크릴의 수가 점점 줄어들어 흰긴수염고래의 삶도 위협받고 있어요.

극지방의 생활

오늘날의 북극 지방

북극점

지구에서 가장 북쪽 지점으로, 차디찬 바다 북극해에 있어요. 북극해는 3월에는 캐나다의 약 1.5배나 되는 넓이가 해빙으로 덮여 있고, 여름에는 해빙의 넓이가 절반 넘게 줄어들어요.

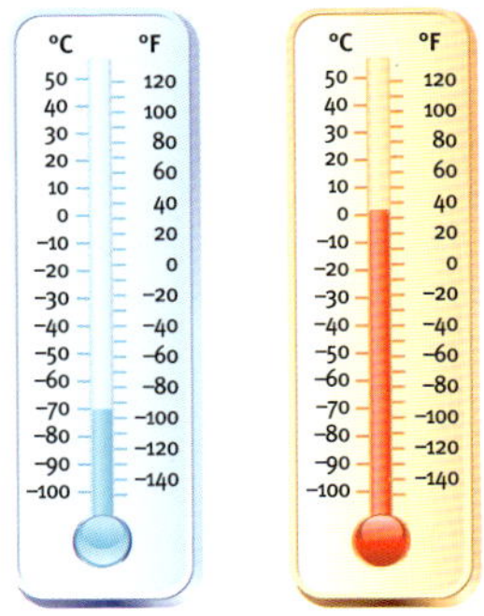

최저 기온 −70℃
최고 기온 2℃

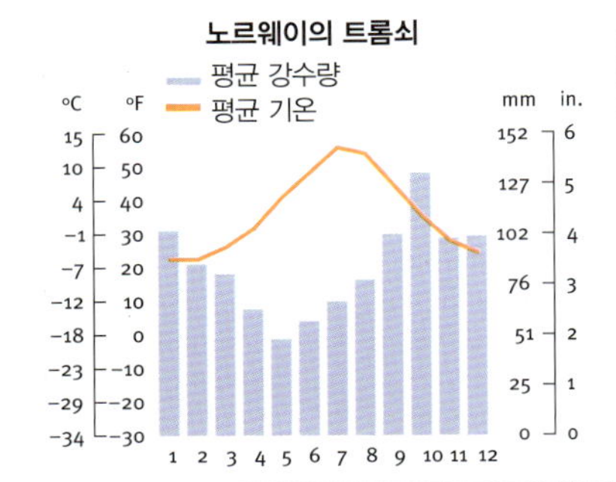

북극 기후

북극 지방은 남극 대륙보다는 훨씬 덜 추워요. 북극 지방의 한가운데에 바다인 북극해가 있기 때문이에요. 북극 지방의 연평균 기온은 10도예요. 노르웨이의 가장 북쪽에 있는 트롬쇠는 북극 지방의 중심 도시로, 북극권에서 약 350킬로미터 더 북쪽에 있어요.

오늘날의 남극 지방

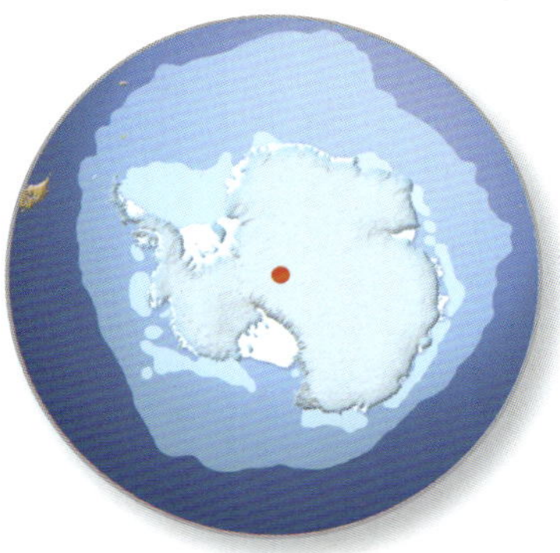

남극점

지구에서 가장 남쪽 지점으로, 남극 대륙에 있어요. 남극 대륙 주위의 해빙은 계절에 따라 양이 달라져요. 9월 무렵에 가장 많고, 2월에 가장 적어요.

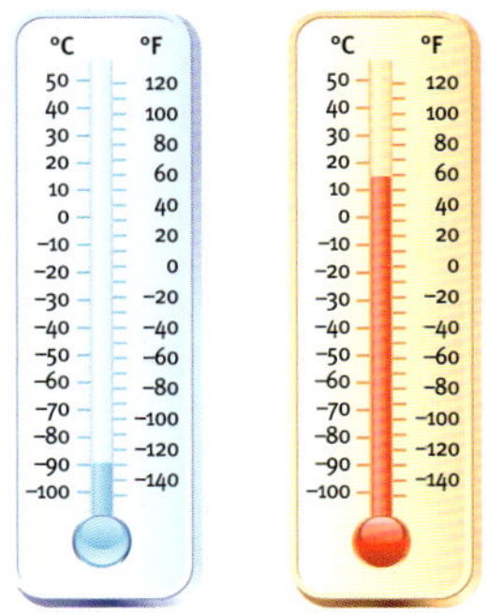

최저 기온 −89.2℃
최고 기온 15℃

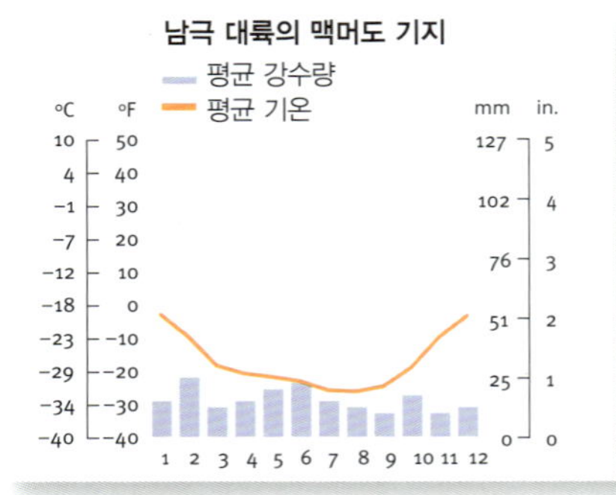

남극 기후

남극 대륙은 지구에서 가장 춥고, 가장 바람이 많이 부는 곳이에요. 대부분의 땅이 얼음으로 덮여 있지만, 비나 눈이 거의 내리지 않기 때문에 '하얀 사막'으로 불린답니다. 맥머도 기지는 남극 대륙 바닷가에 있는 미국 연구 기지예요.

한밤중에도 해가 떠 있는 땅

극지방은 여름에 몇 주 동안은 해가 지지 않아요. 그래서 한밤중에도 해가 뜨는 곳, '백야의 땅'이라고 부른답니다. 이 사진은 여름에 노르웨이에서 일정한 시간마다 찍은 거예요. 해가 내려가기는 해도 수평선 밑으로 사라지지 않아요. 반대로 겨울에는 해가 몇 주 동안 수평선 위로 뜨지 않기 때문에 아주 어두워요.

위기에 빠진 동물들

국제 자연 보호 연맹(IUCN)은 오늘날 지구에 살고 있는 생물의 보존 상태를 나타내는 '멸종 위기 등급'을 내놓고 있어요. 이 등급에서 '멸종 위기'는 야생에서 멸종할 가능성이 높은 종, '멸종 취약'은 야생에서 멸종 위기에 놓일 가능성이 높은 종을 말해요.

멸종 위기종

자료 부족종

멸종 취약종

관심 필요종

사람들

과학 연구

기상 관측 기구에 실린 장치들은 풍속, 풍향, 기온, 습도를 재요. 커다란 관측 기구는 대기의 윗부분까지 올라가 오존층도 측정할 수 있어요.

민물

북극 지방은 소금기가 없는 민물이 풍부해요. 강이나 호수 등이 많아서가 아니에요. 그냥 여기저기에 쌓인 눈을 녹이면, 세계에서 가장 깨끗한 물을 얻을 수 있거든요.

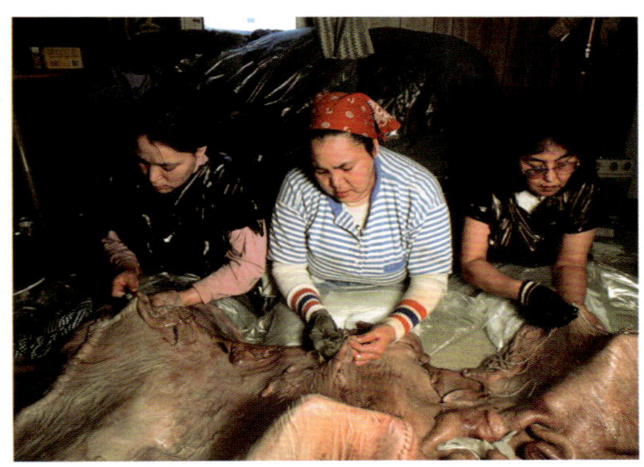

꼼꼼한 바느질

알래스카 배로우 시의 이누이트 여성들은 물범 가죽을 꿰매어 '우미아크'라는 배를 만들어요. 배에 물이 새지 않게 하려면, 털가죽을 이은 곳에 구멍이 생기지 않도록 아주 촘촘하게 꿰매야 해요.

뜻풀이

갑각류 새우, 게, 가재처럼 단단한 겉껍데기와 더듬이가 있고 몸과 다리가 여러 마디로 이루어진 동물.

겨울잠(동면) 먹이를 구하기 힘든 겨울에, 동물이 에너지를 줄이기 위해 땅속이나 동굴 등에서 보내는 일. 겨울잠을 잘 때에는 체온이 낮아지고 호흡과 심장 박동도 느려져요.

고글 강한 빛, 바람, 먼지로부터 눈을 보호하는 안경.

고래수염 고래 위턱의 양쪽에 이빨 대신 빗살 모양으로 나 있는 각질판. 이 판 끝에 붙어 있는 부드러운 털들이 크릴 같은 작은 먹이를 걸러 내요. 각질은 사람의 머리카락이나 손톱, 동물의 비늘, 부리 따위를 이루고 있는 케라틴 성분이에요.

관심 필요종 국제 자연 보호 연맹이 정한 멸종 위기 등급의 하나로, 야생에서 멸종할 가능성이 낮은 종.

괴혈병 비타민 C가 부족하여 생기는 병. 기운이 없고 입맛이 없으며, 심하면 피부와 근육, 잇몸 등에서 피가 나요.

기후 한 지역에서 오랜 기간에 걸쳐 나타나는 평균적인 날씨.

날개폭 한쪽 날개 끝에서 다른 쪽 날개 끝까지의 길이.

남극 지방 남극점을 중심으로 한 지역. 남극 대륙과 그 주변의 섬들로 이루어졌어요.

남극권 남반구에서 볼 때, 위도 66도 33분에서 남극점까지의 지역. 남극 지방의 가장자리를 이은 가상의 선으로, 남극 지방의 경계예요.

남극이빨고기 주로 깊은 바다에 사는 물고기. 남극해와 남서태평양 등지에 살며, 주로 어류와 오징어를 잡아먹어요. 몸길이는 약 215센티미터까지 자라고, 몸은 옆으로 납작하며, 몸 색깔은 회갈색에 암갈색 얼룩무늬를 띠고 있어요.

대륙 빙하 대륙의 넓은 곳을 덮고 있는 얼음 덩어리. 남극 대륙이나 그린란드에서 볼 수 있으며, 얼음 두께가 매우 두꺼워요. 그린란드에서는 두께가 약 700미터, 남극 대륙에서는 2250미터에 이르러요.

동물 플랑크톤 물벼룩처럼 물결에 따라 떠다니는 작은 동물들. 대부분 현미경으로 봐야 할 정도로 아주 작지만, 해파리 같은 큰 종도 동물 플랑크톤에 들어가요. 해수면 근처에서 식물 플랑크톤을 먹고 살아요.

동상 추위로 피부가 얼어서 조직이 상하는 일.

만년설 쌓인 눈이 녹는 눈보다 양이 많아서 일 년 내내 항상 남아 있는 눈. 몹시 추운 지방이나 높은 산에서 볼 수 있어요. 차츰 얼어붙어서 빙하가 되어요.

멸종 생물의 한 종류가 완전히 사라지는 일. 한 종의 마지막 개체가 죽으면 그 종은 멸종해요.

멸종 위기종 국제 자연 보호 연맹이 정한 멸종 위기 등급의 하나로, 야생에서 멸종할 가능성이 높은 종.

멸종 취약종 국제 자연 보호 연맹이 정한 멸종 위기 등급의 하나로, 야생에서 위기에 처할 가능성이 높은 종.

무척추동물 척추(등뼈)가 없는 동물. 곤충, 거미, 문어, 해파리 등 여러 종류가 있어요.

밀도 물질을 이루고 있는 알갱이가 들어선 정도. 알갱이가 빽빽이 들어설수록 밀도가 높다고 해요.

번식기 동물이 짝짓기를 하고 새끼를 낳는 시기.

부표(부이) 배의 안전한 항해를 돕기 위하여 뱃길, 암초 등을 표시하거나 그 밖의 여러 가지 쓰임새로 물 위에 띄우는 장비. 고래를 사냥할 때에는 고래가 가라앉지 않도록 작살에 매달아서 써요.

북극 지방 북극점을 중심으로 한 지역. 북극해가 대부분을 차지하며, 북극해와 맞닿아 있는 그린란드와 아이슬란드 일부, 유라시아와 북아메리카 대륙의 가장 북쪽 지역으로 이루어졌어요.

북극권 북반구에서 볼 때, 위도 66도 33분의 지점에서 북극점까지의 지역. 북극 지방의 가장자리를 이은 가상의 선으로, 북극 지방의 경계예요.

빙붕 일부가 물에 떠 있지만 아직 대륙 빙하에 붙어 있는 거대한 얼음판.

빙산 빙하나 빙붕에서 떨어져 나가 물 위에 떠다니는 얼음덩어리.

빙산 분리 빙하나 빙붕에서 빙산이 쪼개져 나오는 과정.

빙하 오랫동안 땅 위에 눈이 쌓여서 만들어진 얼음덩어리. 남극 대륙이나 그린란드를 덮은 '대륙 빙하', 알프스나 히말라야 산맥 등을 덮은 '산악 빙하'가 있어요. 빙하는 지구의 중심이 끌어당기는 중력에 이끌려 수천 년에 걸쳐 천천히 흘러내려요.

사미 족 스칸디나비아 북부에 사는 북극 지방의 한 부족. 스칸디나비아는 스웨덴, 노르웨이, 핀란드 일부가 속한 유럽 북부에 있는 반도예요.

상아질 척추동물 치아의 안쪽을 이루고 있는 노란색을 띤 흰색의 물질. 뼈와 비슷한 성질이지만, 뼈보다 단단해요.

생태계 어떤 환경 안에서 생물이 살아가는 복잡한 세계. 이 안에서 생물과 생물, 생물과 환경은 서로 영향을 주고받으며 살아가요.

서식지 동물과 식물이 사는 곳.

쇄빙선 바다나 강에 언 얼음을 깨뜨려 뱃길을 내는 배.

식물 플랑크톤 물결에 떠다니는 아주 작은 식물들. 햇빛을 받아 양분을 만들며 동물 플랑크톤의 먹

이가 되어요.

야영지 자연에서 텐트 따위를 치고 지낼 수 있는 곳.

엄니 호랑이, 사자, 멧돼지 등 포유류의 크고 날카롭게 발달한 송곳니를 특별히 엄니라고 해요. 바다 동물 가운데는 일각돌고래, 바다코끼리 등도 엄니가 있어요.

영구 동토층 주변의 기온이 낮아서 일 년 내내 얼어붙어 있는 땅.

영역 동물이 먹이 찾기, 짝짓기 등을 위하여 차지하고 사는 구역. 다른 동물이 들어오려고 하면 내쫓는 것이 보통이에요.

오로라 태양에서 날아온 전기를 띤 입자(알갱이)들이 지구의 대기를 이루는 입자들과 부딪혀서 빛을 내는 현상. 주로 북극과 남극 지방의 하늘에 빨간색 · 파란색 · 노란색 · 연두색 · 분홍색을 띤 커튼 모양의 빛으로 나타나요.

오존층 산소로 이루어진 푸른빛의 기체, 오존이 빼곡히 모여 있는 대기층. 땅에서 약 20~25킬로미터의 높이에 걸쳐 있어요. 오존층이 중요한 것은 생물에게 해로운 태양의 자외선을 잘 빨아들이기 때문이에요.

위장 동물이 먹잇감에게 몰래 다가가거나 포식자의 눈에 띄지 않도록 주변 환경과 비슷하게 색깔, 모양, 무늬 따위를 꾸미는 일.

유선형 비행기나 배처럼 앞쪽은 곡선이고 뒤로 갈수록 뾰족한 모양. 물이나 공기의 저항을 줄여 주어요.

이누이트(에스키모) 캐나다, 알래스카, 그린란드, 시베리아의 북극 지방에 사는 몽골계 인종. 에스키모라는 말은 캐나다 인디언이 '날고기를 먹는 사람'이라는 뜻으로 붙인 것인데, 그들은 스스로를 '인간'이라는 뜻을 지닌 '이누이트'라고 불러요.

이동 계절이 바뀔 때 한곳에서 다른 곳으로 갔다가 돌아오는 동물의 움직임. 대부분 번식이나 먹이와 관계가 있어요.

이빨고래 입안에 고래수염 대신 이빨이 나 있는 고래.

적응 생물이 특수한 환경에서 살아남을 수 있도록 매우 긴 시간에 걸쳐 변화하는 일.

지구 온난화 환경이 파괴되어 지구의 평균 기온이 올라가는 현상. 가장 큰 원인은 화석 연료를 사용할 때 나오는 이산화탄소가 지구를 감싸서, 열이 바깥으로 나가지 못하게 잡아 두기 때문이에요.

총빙 바다 위에 떠다니는 얼음덩어리들이 한데 얼어붙은 것.

크릴 새우와 비슷하게 생긴 동물 플랑크톤의 하나로, 남극 지방의 바다에 흔해요. 흰긴수염고래를 비롯한 여러 바다 동물의 중요한 먹이예요.

툰드라 나무는 자라지 못하고, 이끼와 풀 같은 땅에 붙어 사는 식물만 자라는 북극 지방의 벌판. 짧은 여름을 빼고는 일 년 내내 눈과 얼음으로 덮여 있어요.

포식자 다른 동물을 잡아먹고 사는 동물.

해빙 바닷물이 얼어서 만들어진 얼음.

화석 연료 수백만 년 동안 땅속에 묻힌 동식물이 변하여 생긴 연료. 석탄, 석유, 천연가스 등이 있어요.

활공 새가 날개를 퍼덕이지 않은 채 날거나 글라이더처럼 바람을 타고 나는 것.

찾아보기

Credits

The publisher thanks Bronwyn Sweeney and Maria Harding for their contributions, and Jo Rudd for the index.

Key tl=top left, t=top, tc=top centre, tr=top right, cl=centre left, c=centre, cr=centre right, bl=bottom left, bc=bottom centre, bcr=bottom centre right, br=bottom right

MAPS
Andrew Davies/Creative Communication

ILLUSTRATIONS
Front cover Contact Jupiter/Polygone Studios; **Back cover** Contact Jupiter/Yvan Meunier tl; Peter Bull Art Studios c, cr, br; **Spine** Contact Jupiter/Yvan Meunier
Peter Bull Art Studio 8–9, 10–11, 18–19, 20–1, 22–3, 24–5, 26–7, 28–9, 30–1, 32–3, 38 t, tr, 40–1, 46–7, 52–3, 56 tr; **Leonello Calvetti** 8 cl, bl, 9 cr, 12–13, 36–7, 48–9, 54–5, 58–9; **Contact Jupiter/Yvan Meunier** 16–17, 44–5, 50–1; **Contact Jupiter/Polygone Studios** 14–15, 42–3; **Christer Eriksson** 38–9, 56–7

PHOTOGRAPHS
CBT=Corbis; GI=Getty Images; MP=Minden Pictures; NASA=National Aeronautics and Space Administration; NHPA=Natural History Photographic Agency; NPL=Nature Picture Library; SH=Shutterstock; SPL=Science Photo Library; TPL=photolibrary.com

10tr TPL, bl CBT; **13**bl TPL, bc TPL; **14**tr CBT; **15**cr1 MP, cr2 MP; **20**cl GI; **25**bc MP; **28**bc GI; **30**cl NASA, bl NASA; **32**bl SPL; **37**br SH; **38**cr CBT, bl CBT; **39**tc CBT; **42**bl MP; **43**tr MP; **54**cr NHPA; **58**bl NPL; **60**bcr CBT; **61**tr CBT, cr TPL, br CBT